차이를 만드는
CEO의 생각 도구

지은이 **조준호**

서울대 경제학과와 미국 시카고대 MBA 졸업 후 1986년 금성사에 입사했다. LG전자 샌디에이고 법인장으로 북미 휴대전화 사업 진출에 크게 기여했다. 2008년 LG그룹 지주회사로 자리를 옮겨 2009년에 최고운영책임자(COO), 대표이사·사장이 되었다. 이후 LG전자 MC사업본부장, 대표이사·사장을 거쳤으며, 최근에는 LG의 그룹 연수원인 LG인화원 원장으로 부임하여 폭넓은 사업 경험을 바탕으로 미래 리더 양성, 이노베이션 역량 개발에 힘쓰고 있다.
이 책《차이를 만드는 CEO의 생각 도구》가 디지털 트랜스포메이션Digital Transformation으로 대변되는 이 시대를 살아가는 리더와 청년 독자에게 스스로 '문제해결의 주인'이 되어, 당면한 문제를 창의적으로 해결해 나갈 수 있도록 하는 하나의 지침서가 되기를 바란다.
이메일 junhocho_01@gmail.com

차이를 만드는
CEO의 생각 도구

지은이 | 조준호

1판 1쇄 인쇄 | 2019년 10월 23일
1판 1쇄 발행 | 2019년 11월 4일

펴낸곳 | (주)지식노마드
펴낸이 | 김중현
디자인 | 제이알컴
등록번호 | 제313-2007-000148호
등록일자 | 2007. 7. 10

(04032) 서울특별시 마포구 양화로 133, 1201호(서교동, 서교타워)
전화 | 02) 323-1410
팩스 | 02) 6499-1411
홈페이지 | knomad.co.kr
이메일 | knomad@knomad.co.kr

값 18,000원

ISBN 979-11-87481-66-9 13320

저 사람은 어떻게 저런 답을 낼까

LEADER'S THINKING TOOL BOX

차이를 만드는

CEO의 생각 도구

• 조준호 지음 •

nomad
지식노마드

2부 문제해결을 위한 생각의 엔진과 관련 도구

9장 불확실성을 다루는 방법

3부 문제해결의 사고 프로세스

10장 현상 타개형 문제의 해결

11장 목표 추구형 문제의 해결

12장 실제 적용 사례

4부 문제의 주인이 되는 길

나의 마음가짐을 바꾼 사장의 전화 한 통

우리의 삶은 끊임없이 새로운 문제에 부닺히며 이를 해결해 나가는 과정이다. 살아있는 한 개인으로든 조직의 일원으로든 문제를 피할 수는 없다.

필자의 첫 직장은 미국 소비재기업이었다. 직급은 브랜드 어시스턴트 매니저였다. 내가 맡은 일 중 하나는 담당 브랜드의 미국 내 각 지역별 시장점유율 추이를 월 단위로 모니터하는 것이었다.(적어도 나는 그렇게 생각했다.) 입사한 지 네 달이 됐을 때 전화 한 통을 받았다. 사장이었다. 그달 내가 분석해서 올린 데이터 중 디트로이트 지역의 시장점유율이 크게 떨어졌던데 원인이 무엇이고, 대책은 무엇인지를 물었다. 순간 머릿속이 하얘졌고 버벅거리다 전화를 끊었다. 그리고 직속 상사인 브랜드 매니저에게 뛰어갔다. 그때까지 나는 시장 조사 자료를 모니터하고 모은 자료에서 문제를 발견해 보고하는 일을 내가 맡은 업무라고 생각하고 있었다. 그런데 상사의 생각은 전혀 달랐다. 아직까지도 상사가 나에게 한 말이 생생하다. "너는 문제를 발견하는 사람일 뿐만 아니라 문제해결에 이르는 방법을 찾는 사람이자 일이 되게 만드는 사람이다. 네가 안 하면 아무 일도 안 일어난다."(You are the one who solves the problem and makes things happen. If you don't, nothing happens.)

그날 사장의 전화 한 통은 내 인생을 바꾸었다. 그전까지 나는 전형적인 성실한 일꾼이었다. 그저 시키는 일을 열심히 하는 사람이었다. 미국에서 MBA 과정까지 마쳤음에도 말이다. 사장과 통화한 이후 나는 '문제의 주인'이 되기로 결심했다. 그리고 문제의 주인이 되기 위한 첫 걸음으로 세일즈 트레이닝을 시행하기로 했다. 상사와 논의 후 나는 문제가 된 디트로이트로 가서 그곳의 현장 점포와 거래선을 직접 방문하여 문제의 원인을 찾고 대책을 마련하고 그 결과를 정리했다. 상사는 내 결과 보고를 듣더니 디트로이트 뿐만 아니라 전국에도 적용할 수 있겠다며 300명의 세일즈 팀 앞에서 발표하는 자리를 마련해주었다. 많은 사람이 나와 내 대책안을 지지해 주었고 대책안은 현장에 적용됐으며 결과도 제법 좋았다.

이후 귀국하여 오랫동안 LG전자, ㈜LG에서 일하면서 나는 운이 좋았다. 1990년대 LG가 세계적인 경영컨설팅 회사인 맥킨지에 의뢰한 다수의 전략 및 경영 혁신 프로젝트에 회사 측 인사로 참가해 경영에서의 문제해결 스킬과 노하우를 상당 부분 전수 받았고 사업책임자가 되기 전에 회사의 전략 및 경영혁신 관련 여러 프로젝트를 직접 이끌 기회도 가졌기 때문이다. 그렇다고 나의 직장 생활이 평탄한 것만은 아니었다. 순풍에 돛 단 듯 나날이 성과가 좋았던 시기도 있었지만 크고 작은 위기는 늘 많았다. 일례로, 해외법인장 겸 북미 사업부장 3년 차였을 때 자금력과 제품력을 앞세운 미국경쟁업체가 갑자기 대대적 가격 인하를 단행하는 바람에 한 분기 내내 문자 그대로 한 대도 제품을 팔지 못하여 대규모 적자를 겪다가, 절치부심하며 준비한 신상품으로 극적인 반전을 이루기도 했다. 또 경쟁사들의 시장지배력이 큰 시장에서 차별적 입지를 구축하기 위해 심혈을 기울여 준비한 신제품이 생산 및 품질 문제로 출시에 완전히 실패함으로써 사업 기반이 붕괴된 경우도 있었다. 나는 이러한 어려움을 겪을 때마다 사회생활 초년에 배운 '문제해결 주인'으로서의 마음가짐을 떠올렸다. 그리고 이 마음으로 문제를 보고 답을 찾으면서 나 자신의 문제해결 역량을 높이기 위해 노력했다.

몇 년 전부터 우리 사회에 창의적 문제해결 능력을 주제로 많은 얘기가 있어 왔다. 우리나라 교육제도가 창의적 인재 양성을 막는다는 둥, 우리나라 기업의 조직문화에서는 독창적인 상품과 서비스, 기술 개발이 힘들다는 둥 갖가지 원인 분석과 우려가 흘러나왔다. 부분적으로 다 맞는 말일 것이다. 요즘 젊은 세대는 기성세대가 가진 생각과 생활양식을 비판함에 있어 과거보다 자유로우며 개인의 관심 분야를 탐험하고 파고드는 일에서도 어느 때보다 거리낌이 없다. 그럼에도 필자가 보기에 스스로 문제를 깊이 파악하고 나름의 방식으로 문제를 해결해 나가는 경험을 한 적은 별로 없고 할 기회도 없는 것 같다. 일상에서도, 학교와 사회에서도 정해진 결론을 빠르게 습득하는 법을 제안할 뿐 깊은 생각과 토론을 통해 스스로 길을 찾는 방법을 훈련시키지는 않는다.

우리나라는 지난 50년 동안 가장 모범적인 산업화 국가로 발전해 왔다. 인재 육성이라는 기치 아래 선진 지식을 빠르게 익혀 산업화에 필요한 강도 높은 작업을 담당할 수 있는 규율을 체화하는 데 사력을 다했다. 그 결과 한국의 많은 기업은 세계 최고 수준의 디자인과 품질을 가진 제품과 서비스를 선보일 수 있는 단계에 다다랐다. 사회제도 차원에서 봐도 선진 제도를 한국 실정에 맞게 다듬어 적용함으로써 아시아권에서 몇 안 되는 민주주의 국가가 되었다.

그런데 여기서 한 단계 더 올라서려면 이런 식으로는 안 된다. 다시 말해 남이 만들어 놓은 상품과 기술, 제도의 밑그림을 가져다가 개선해 사용하는 발전 모델은 수명이 다 됐다는 얘기이다. 이제 우리 나름의 독창적인 개념설계를 만들고 발전시켜야 한다. 게다가 현재 한참 진행 중인 디지털 혁명이나 바이오 혁명은 하루가 다르게 양상이 바뀌기 때문에 어디서 배워 올 데도 없다. 사회 기반을 마련하는 문제도 마찬가지다. 예전처럼 미국과 일본, 유럽 등 소위 선진국의 제도를 국내 사정에 맞게 수정·도입하는 행태는 지금 우리 사회가 위치한 발전 단계에도 맞지 않고 실제 사회 문제를 푸는 방법으로도 부적절하다. 만들어놓은 공식에 대입해 누가 빨리 정답을 찾는가는 중요하지 않다. 지금 시대는 스스로 근본적인 질문을 던지고, 스스로 그와 관련된 문제를 정의하고, 스스로 나름의 해결책을 찾아 나설 것을 요구한다. 이렇게 하려면 개개인이 자발적으로 문제해결에 나서겠다는 마음가짐과 더불어 실제 문제해결 능력이 전제되어야 한다.

솔직히 말해 우리 사회는 문제해결에 필요한 이러한 자발성과 역량을 체계적으로 키우지 못했다. 필자는 이 문제를 어떻게 풀어야 할지를 두고 개인 차원에서 또 기업 조직 차원에서 고민하고 해결책을 찾고자 노력해 왔다. 특히 2018년 LG인화원으로 온 이후 더더욱 그 필요성을 절감해 장시간 임직원 및 사내 외 교수진, IDEO, 미네르바 대학, 싱귤래러티 대학과 협력 프로그램을 실시하면서 해법 찾기에 고심했다. 그간의 개인적 경험과 전문가들과의 논의, 실전에서의 공동작업을 통해 얻은 결론은 이렇다. '누구나 관련 도구를 배우고 현실 문제에 이를 사용해 몸에 익히면 창의적 문제해결 역량을 키울 수 있다.'

　조직에서 리더의 가장 큰 역할은 목적 달성에 합당한 방향을 설정하고 이를 실현하는 데 방해가 되는 중요 문제를 해결하는 것이다. 상명하복식의 경직된 조직문화에 대한 비판이 거세고 창의적 발상을 돕는다는 책도 시중에 많지만, 사실 문제라고 일컬어지는 대상이나 현상은 다양한 요인이 복잡하게 얽혀 있어 기발한 아이디어를 한두 가지 낸다고 해결되지 않는다. 우선 세상의 작동원리에 대한 깊은 이해가 전제되어야 하고 이를 바탕으로 진짜 문제를 파악해야 한다. 그 다음에 진짜 문제를 해결하기 위해 기존의 지식을 활용해 구체적으로 개선 방법을 찾거나 이것으로 안되면 완전히 새로운 발상에 기초한 해결 방향을 모색해야 한다. 이 과정이 제대로 진행된다면 직관과 상식으로 보는 것과는 다르게 문제가 보일 것이고 그에 따라 해결 방향도 달라질 것이다. 또한 비즈니스 세계의 경우 해결 방향을 찾았다고 끝난 것이 아니다. 이를 현실 상황에 적용할 수 있도록 해결안이 구체화되어야 하며, 조직 안팎의 이해당사자의 입장도 포괄할 수 있어야 한다. 진짜 문제를 파악하고 해결 방향을 찾는 일은 일종의 지적 모험인 터라 재미를 동반할 수 있으나, 해결책을 구체화하고 실행하는 일은 많은 인내심과 노력이 필요한 고된 일이다. 조직의 리더는 때로는 앞장서서 때로는 물러섬으로써 이러한 과정이 매끄럽게 진행되게 하여 좋은 결과를 내도록 해야 한다. 그러려면 단순히 창의적 발상법에만 의지할 것이 아니라 리더 본인부터 문제해결의 전체 과정을 이해하고 필요한 핵심적 도구와 지식을 현장에서 자연스럽게 활용할 수 있을 만큼 충분히 익혀야 한다.

필자는 경영 일선에 있으면서 조직 리더의 문제해결 역량을 향상시킬 필요성을 누구보다 절실히 느껴왔다. 그래서 갖가지 훈련 방법과 관련 서적을 찾고 탐독해 보았지만 이론과 현장을 연결한 연구 자료는 보지 못했다. 경영상의 문제를 해결하는 것과 관련해 많은 이론과 방법이 있지만 모두 어떤 한 부분을 다룰 뿐 이들을 통합해 현실 속 문제를 해결하는 데 활용할 수 있도록 한 방법론은 국내외 어디에도 없었다. 망설이다가 필자가 직접 그간의 배움과 경험을 책으로 정리하기로 하였다. 이 책은 단순히 문제해결의 통합적 방법과 그에 필요한 핵심 개념 및 스킬을 익히는 데서 끝나지 않고 업무 현장에서 이들을 적용하고 활용하는 데까지 다룬다.

필자는 처음에 이 책의 독자로 기업을 포함한 모든 조직의 초급

임원을 생각했지만 리더를 꿈꾸는 젊은 세대에게도 도움이 되리라 기대하며 집필했다. 미리 말하지만 이 책은 쉽지 않다. 필자의 역량 부족도 있지만 다루는 내용 자체가 쉽지 않기 때문이다. 하지만 집중해서 꼼꼼히 읽고 이해한다면 문제를 보는 눈이 달라질 것이고 그에 따라 독특한 발상도 수월해질 것이다. 나아가 다른 사람의 문제해결 능력을 향상시키는 데 도움을 주는 단계에 이를 것이다.

창의적 문제해결 역량은 운동과 마찬가지로 오랜 세월 꾸준히 해야 수준이 높아지는 종류의 것이다. 또 둘 다 습관을 들이는 게 무엇보다 중요하다. 필자는 20대 중반에 문제해결의 핵심 개념과 스킬을 일과 생활에 적용하기 시작해 습관으로 만든 후부터 크고 작은 성취를 이뤄왔고 문제해결 활동 자체에서 큰 즐거움을 누렸다. 이 책을 읽는 독자도 그런 기쁨을 누릴 수 있게 되기를 바란다.

복잡한 문제의
창의적 해결

1장   단순한 문제 vs 복잡한 문제

'주소만 아는 친구네 집을 찾아 간다, 고장 난 TV를 수리할 방법을 찾는다, 어버이날에 가족과 모일 음식점을 알아본다.' 우리가 살면서 마주치는 대부분의 생활 속 문제는 이와 같이 직관과 상식으로 해결할 수 있는 단순한 문제straightforward problems이다. 이런 단순한 문제는 늘 하던 식으로 풀어도 무방하다. 그러나 세상에는 직관과 상식만으로는 도저히 답을 찾을 수 없는 복잡한 문제 complicated problems도 많다. 다음 사례를 통해 복잡한 문제가 가진 미묘한 특성과 해결 과정에서의 난점을 유추해보자.

사례 1 신제품의 오작동 원인 찾기

열심히 개발해서 판매를 시작한 제품이 품질 불량으로 반품되기 시작했다. 문제가 된 품질 불량 증상은 멀쩡히 작동하다 이유 없이 오작동한다는 것이었다. 개발 책임자는 원인을 찾고자 품질관리부와 협력해 이런 증상을 유발하는 모든 잠재적 원인을 수집하고 하나하나 비교 대조했다. 그 결과, 문제의 증상이 특정 반도체와 기판을 연결해주는 납으로 된 볼이 깨져 발생한다는 사실을 밝혀냈다. 구조상 기판과 특정 반도체의 간극은 일정해야 하는데 반도체 작동 시 발생한 열이 납볼을 팽창시키고 열이 식으면서 납볼을 수축시킨다는 것과, 이러한 팽창과 수축이 반복되면서 결국 납볼이 파손돼 그 결과 오작동이 발생한다는 것을 알아낸 것이다. 책임자는 이를 근거로 특정 반도체의 작동 세기를 약화시키는 방향으로 소프트웨어를 재설계함으로써 팽창·수축의 여지를 대폭 줄였다.

사례 2 원가 절감 노력이 무용지물인 경우

사업 성과를 개선하기 위해 지금껏 해왔던 대로 원가 절감에 온 힘을 쏟았지만 별 소득이 없었다. 그런데 알고 보니 중국 경쟁업체의 원가가 특정 제품에 있어서는 도저히 따라잡을 수 없는 수준이었다. 이러한 상황에서는 원가 절감에 노력을 집중할 것이 아니라 사업구조를 개선하는 데 역량을 쏟거나 차별적인 상품 개발에 전력했어야 했다.

사례 3 한국의 미세먼지는 중국 때문인가

미세먼지 해결책을 생각해보자. 우선 미세먼지의 물리적·화학적 원인이 불분명하다. 탄소화합물 주변을 다양한 화학물질이 둘러싸면서 생긴다고만 알려져 있을 뿐 탄소화합물의 주 발생원이 무엇인지, 둘러싸는 화학물질의 구성 비율은 어떻게 되고 어디에서 발생하는지에 대해서 확실히 증명된 사실이 없다.

미세먼지 하면 '중국 발 미세먼지가 문제'라는 생각이 가장 먼저 떠오른다. 그러나 사실 미세먼지는 중국 발 먼지를 포함해 경유차, 화력 발전 등 수많은 발생원과 바람의 방향 및 속도 등이 얽혀 있는 매우 복잡한 문제다. 따라서 미세먼지에 대한 깊은 이해 없이는 다른 나라 탓만 하거나 엉뚱한 곳에 막대한 투자를 하기 쉽다. 미세먼지를 해결하려면 원인에 대한 철저한 과학적 조사가 선행되어야 한다. 또 조사 결과에 따른 대책을 마련할 때도 심층적 검토가 이뤄져야 한다. 예를 들어 석탄 발전 및 경유차 운행이 미세먼지 발생의 가장 큰 원인으로 밝혀졌다고 해보자. 그렇다고 하루아침에 석탄 발전 비중을 줄이고 경유차 운행을 중지시킬 수는 없는 노릇이다. 만약 정부가 이런 대책을 내놓는다면 비현실적이라는 비난만 들을 게 뻔하다. 석탄 발전과 관련된 대책만 하더라도 비용 효율 대비 미세먼지 발생률, 발전연료 장기 수급 등 여러 측면을 살펴보고 체계적으로 접근할 필요가 있다. 이렇게 객관적으로 따져본 결과 '개량 필터를 사용하면 석탄 사용이 비용과 환경친화성 면에서 더 낫다'는 답이 나올 수도 있는 것이다.

미세먼지 발생 메커니즘과 발생원을 과학적으로 파악하여 합리적 해결책을 찾았다고 해도 구체적인 정책 실행은 사회 내 여러 관련 집단의 입장이 얽혀 있어 쉽지 않을 수 있다. 더구나 미세먼지처럼 주권이 미치지 않는 타국에까지 걸쳐 있는 문제라면 더더욱 그렇다.

사례 4 종합생활기록부 제도의 효용성 검토

공공정책의 취지와 결과를 논의할 때 자주 거론되는 사례 중 하나가 대입 제도이다. 종합생활기록부는 학습자의 문제풀이 능력 외에도 창의력과 사회성을 반영하겠다는 취지로 마련된 교육제도이다. 그러나 좋은 의도로 기획된 이 제도는 현재 사교육과 스펙 경쟁의 또 다른 도구가 되어버렸다. 한국에서는 명문대 졸업이 단지 우수한 교육을 받았다는 의미만 내포하지 않는다. 취업과 결혼을 포함해 전 생애에 걸쳐 엄청난 자산으로 작용한다. 그렇기 때문에 대한민국 학생과 학부모라면 어떡해서든 좋은 성적을 받고자 발버둥친다. 그런 데다 아직까지 우리나라 고등학교와 대학교는 입학자격을 심사할 때 이러한 정성적 내용을 적절히 판단할 만큼 성숙한 역량을 갖추지 못했다. 사회도 학업성적 외 다른 요인을 인정할 여건이 조성되지 않은 상태이다. 이러한 현실에서 종합생활기록부 제도는 취지와는 다른 결과를 빚을 수밖에 없다.

사례 5 강남 테헤란로 교통난 해결

퇴근시간 강남 테헤란로는 정체로 몸살을 앓는다. 그래서 정부는 주변 도로 중 하나를 대폭 확장해 새로운 대로를 만들기로 했다. 몇 년 뒤 성대한 준공식과 함께 드디어 새 도로가 개통되었다. 정체는 줄었을까? 개통 후 한 달은 눈에 띄게 개선되었다. 그러나 어찌된 일인지 정체가 다시 불거지더니 오히려 전보다 심해졌다. 이 사례는 가상이지만 1960년대 독일 슈투트가르트에 이런 일이 실제로 벌어졌다. 수학자 디트리히 브라스는 네트워크 시스템 이론을 통해 도로가 늘면 교차점도 함께 늘어 오히려 전체 정체가 증가한다는 사실을 밝혀냈다. 이를 '브래스 패러독스'라 한다.

정보 공유가 실시간으로 이뤄지는 요즘, 테헤란로에 새로운 도로가 생겨 정체가 개선되면 어떤 일이 벌어질까? 이 소식은 각종 미디어를 타고 순식간에 퍼져 나가 다른 도로를 이용하던 차량까지 테헤란로로 몰리는 기현상을 빚을 것이다. 그 결과 테헤란로는 전보다 더 심한 정체 구간이 될 것이다. 그래서일까, 서울시는 지난 20년 동안 정체 개선을 위해 도로를 늘리기보다 갓길을 활용해 기존 도로의 차선을 늘리는 한편, 교통 인프라 및 대중교통 체계 개선에 집중 투자하고 있다.

사례 6 선원들의 괴혈병 치료

범선을 타던 시절 장기간 항해하는 선원들의 괴혈병은 큰 문제였다. 그들 나름대로 맛과 영양을 고려해 저장음식을 준비해 갔지만 수많은 이들이 무기력감에 시달리고 피하 출혈에 잇몸이 약해지는 증상을 보였다. 그들은 그렇게 시름시름 앓다가 끝내는 죽음에 이르렀다. 오랜 연구 끝에 비타민 C가 부족해 생기는 병이라는 사실이 밝혀졌다.

사례 7 카카오택시와 택시업계의 불편한 동거

티켓 몬스터나 배달의 민족 등 온라인 주문 플랫폼이 급속도로 성장하고 있다. 오프라인에서 온라인으로 사업 방식을 바꾸면 가격은 낮추고 서비스 질은 높이는 효과를 기대할 수 있기 때문이다. 카카오택시 또한 원하는 시간과 장소에서 택시를 타는 편리함을 제공하고 승차 거부 같은 서비스 불만족을 해소하겠다는 남다른 포부로 사업을 시작했다. 그러나 택시회사의 사납금 제도와 개인택시 기사의 비협조로 생각처럼 쉽게 풀리지 않았다. 최근 완전 월급제와 행선지 불문의 콜 대응을 내세운 '타다' 서비스를 선보였으나 택시업계 반발로 정착에 어려움을 겪고 있다.

사례 8 화성 거주 프로젝트의 청사진 그리기

2018년만 하더라도 유럽 중심으로 '2020년대 중반까지 화성에 사람이 살도록 한다'는 목표를 내건 '마스 원Mars One'이라는 프로젝트가 있었다. 이미 미국에서 테슬라 창업자 엘런 머스크 등이 주도

하는 다른 프로젝트가 가동 중인 사실을 고려할 때 조만간 다시 재개되리라 생각한다.

인간이 화성에 기주하려면 몇 가지 기초적인 과제를 먼저 해결해야 한다. 일단 일정 기간 내 기술적·경제적으로 타당하면서도 안전한 왕복 유인우주선을 만들고 화성 거주지를 건설해야 한다. 현재의 로켓 기술 수준으로 제작한 왕복 우주선은 오고 갈 때 아무리 짧게 잡아도 각각 7개월 정도 걸린다. 이렇게 장기간 우주비행이 가능한 우주선을 만들고 필요한 기술(달 탐사나 지구 궤도 내 체류 상황을 생각하면 안 된다. 이동 중 문제 발생 시 물리적 도움을 받을 가능성은 거의 없다)을 개발하는 일은 어려운 도전이 될 것이다.

우주선은 그 자체가 복잡하기 짝이 없는 거대 시스템이다. 하위 시스템으로 몇 가지 예만 들더라도 추진 시스템, 항법 시스템, 생명 유지 시스템, 거주 모듈 및 이착륙 모듈 시스템, 화물 운송 시스템 등이 있다. 물론 각각의 시스템 또한 수많은 시행착오를 거친 최첨단 기술의 집약체이다. 그래서 우주선 시스템 전체를 개념설계부터 구체 생산, 운항까지 할 수 있는 나라는 전 세계에서 손가락 안에 꼽는다. 화성에 거주지를 건설하는 일 또한 우주선 제작 못지않게 하기 어렵다. 몇 달 수준의 단기 거주라면 모를까 영구 거주라면 얘기가 달라진다. 화성은 공기가 희박하고 생존 조건이 열악하기 때문에 자연 상태 그대로 머물 수가 없다. 따라서 인간을 비롯한 생명이 살 수 있도록 닫힌 생태계를 자체적으로 만들어야 한다. 닫힌 생태계를 유지하는 것은 (그간 지구상에 바이오 돔 내에서 외부와 차단한 채 수년간 살아보는) 실험 결과가 말해주듯이 매우 어려운 일이다. 우리가 이해하지 못하는 무수한 상호작용, 예기치 못한 장비 고장, 심리적 고립감 등 닫힌 인공 생태계를 위협하는 위험인자가 셀 수 없이 많다. 이것을 모두 파악하여 바이오 시스템 설계에 반영해야 한다.

이 사례들은 직관과 상식만으로는 해결하기 어려운 '복잡한 문제'의 성격을 잘 보여준다. 즉 복잡한 문제를 해결하려면 현상 너머에 있는 근본적 작동원리를 파악해야 하며, 이를 위해서는 상식적 사고와 기존 지식이 아닌 전혀 새로운 관점이 필요하다.

2장　복잡한 문제의 두 가지 유형

복잡한 문제에는 두 가지 유형이 있다. '현상 타개'형과 '목표 추
구'형, 바로 그것이다. 유형에 따라 해결 활동의 목적과 접근
방법도 달라진다. 두 유형을 중심으로 계속 본문이 진행되므로 이번
장에서 잘 이해하고 넘어가 주기를 바란다.

현상 타개형

현상 타개형 문제는 부정적인 현상을 발생시키는 근본원인을 제거

하면 해결되는 문제를 말한다. 앞서 등장한 품질 불량, 미세먼지, 괴혈병 같은 문제를 말한다. 따라서 현상 타개형 문제의 핵심은 불만족스러운 현상을 빚은 근본원인을 제대로 파악하는 것이다. 그렇지 못한 상태에서 이런저런 해결책을 시도해봤자 헛된 힘만 들 뿐이다. 근본원인을 파악하기 위해서는 현상의 작동원리에 대한 깊은 이해가 필요하다. 예컨대 제품의 품질 불량의 원인을 알아내려면 기계역학적 원리나 소프트웨어 작동원리를 알아야 하며 미세먼지 문제는 화학이나 대기학 지식을, 괴혈병 문제는 인간 몸의 메커니즘을 몰라서는 접근할 수가 없다. 작동원리는 학계나 업계에 익히 알려져 있지만 내가 몰랐던 것일 수도 있고 지금의 상식을 뒤엎어야 설명 가능한 것일 수도 있다.

일단 근본원인을 알고 나면 해결책은 괴혈병 경우처럼 간단할 수도 있고 두드러기처럼 질병 원인이 면역체계의 과잉 반응임을 알아냈다 해도 부작용 없이 치료할 수 있는 방법을 찾기가 요원할 수도 있다. 또 해결책을 알아도 현실에서의 실행이 힘들 수도 있다. 예를 들어 경유차에서 나오는 매연이 미세먼지의 주 발생원임이 밝혀졌다고 해보자. 그리고 이에 대해 정부는 경유차 사용을 줄이고자 경유에 붙는 세금도 올리고 대도시 안으로의 경유차 진입도 금지하고 자동차업계와 정유업계 등 이해관계자 간의 충돌을 정치적으로 조율하려 한다고 해보자. 해결 방안 자체로서야 훌륭하지만, 과연 생각처럼 수월히 진행할 수 있을까?

목표 추구형

목표 추구형 문제는 특정 목표 달성에 필요한 핵심 과제를 해결하면 마무리되는 문제를 말한다. 예를 들면 '2025년까지 화성에 사람이 살게 만든다', '인력 및 제품개발 투자 규모를 절반으로 줄이되 매출은 유지할 수 있는 체제를 3년 내 구축하기' 등을 들 수 있다. 목표 달성에 중요한 핵심 과제를 구체화하는 일은 생각보다 어렵다. 일례로 '화성에 유인 우주선을 보내 정착촌을 만든다'는 목표의 핵심 과제를 구체화하는 과정을 살펴보자. 이 프로젝트의 핵심 과제는 세 가지이다. '정착촌 건설에 필요한 자재·장비와 함께 6명을 실어가 내려주고 2명을 태우고 돌아올 우주선 개발', '10명이 화성에서 자급자족할 수 있는 정착촌 설계', '3년 이상 우주 생활과 화성 생활을 하는 동안 건강을 유지할 수 있는 방법 고안'이 바로 그것이다. 이 핵심 과제를 어떻게 구체화시킬 수 있을까? 이 과정에는 몇 명을 화성에 보내고 전체 거주 기간을 얼마로 해야 할지 등과 같은 여러 요소를 특정하는 일이 포함되는데, 이를 위해서는 정착지 운영에 필요한 자원과 우주선 하중, 로켓 용량, 인간의 생명유지 기능 등 수많은 변수를 놓고 다양한 실험과 시뮬레이션을 활용하는 매우 복잡한 단계를 거쳐야 한다.

목표 달성까지 많은 과제가 기다리고 있지만 보통은 상식 차원에서 해결하면 되는 수준의 것인 경우가 많다. 따라서 목표 추구형 문제에서 이런 일상적 과제를 탁월하게 해결했는지 여부가 전체 목표 달성을 좌우한다고 단정지을 수는 없다. 그러나 몇몇 과제는 목표 달성에 지대한 영향을 끼친다. 이런 과제를 핵심 과제(mission critical 과제)라고 부르는데, 앞에서 나온 우주선 개발, 정착촌 설계, 건강유지 방법 등을 예로 들 수 있다. 핵심 과제가 파악되면 각각의 핵심 과제 해결에 필요한 하부 과제(우주선 개발의 경우 추진체계와 방사선으로부터의 보호 방법, 장기간 생명유지 장치 등)를 확인해 구체적인 해결책을 마련한다.

주목할 것은 실제 문제해결에 있어 현상 타개형과 목표 추구형이 배타적이 아닌 경우가 많다는 사실이다. 시작은 미세먼지 문제처럼 현상 타개형이었지만 근본원인을 찾으면 목표 추구형의 해법을 따를 수도 있다. 예를 들어 미세먼지 발생의 경우 자동차의 배기 가스가 주요 원인이라고 파악되면 해결책은 '3년 내 경유차의 미세먼지 배출량을 절반으로 줄인다'와 같은 목표 추구형 문제가 될 수도 있다. 마찬가지로 화성 정착 프로젝트와 같은 목표 추구형 문제도 핵심 과제를 구체화하고 해결책을 디자인하는 과정에서 현상 타개형 문제를 풀어야 할 때가 많다. 예컨대 화성 정착촌 이주민이 장시간에 걸쳐 무중력 상태에 있게 될 때 겪을 수 있는 골밀도 저하나 근육 감소와 같은 건강 문제를 어떻게 예방하는가와 같은 문제가 파생적으로 발생하는 것이다.

복잡한 문제의 두 가지 유형은 각각의 해결 방식을 요구하지만, 한 가지 공통점이 있다. 복잡한 문제는 기존과 다른 관점에서 문제를 보고 해결 아이디어를 얻어야 한다는 사실이다. 이 점에서 복잡한 문제의 해결은 창의적 사고의 과정이라고 할 수 있다. 3장에서는 이러한 창의적 문제해결의 특징을 살펴본다.

3장   제대로 된 문제해결 활동이란

제 대로 된 문제해결은 진짜 문제를 파악해 효과적인 해결책을 찾는 것을 말한다. 제대로 된 문제해결이라면 공통적으로 다음 네 가지 특징을 가진다.

문제를 제대로 정의(재정의)한다

진짜 문제가 무엇인지를 아는 것은 해결책을 만드는 것보다 더 중요할 수 있다. 진짜 문제를 모르면 엉뚱한 데서 고생만 하다가 손에 쥔

것도 없이 끝난다. 앞서 도로 정체 사례에서 보듯이, 정체의 1차 원인을 '러시아워 시 교통량 대비 도로 부족'이라고 진단하면 해결해야 할 문제는 '적은 비용과 시간으로 가장 신속하게 새 도로를 건설하는 것'이 된다. 그러나 이제 우리는 브레스의 역설을 통해 이 문제가 현상 타개에 가장 영향이 큰 문제, 즉 진짜 문제가 아닐 수 있다는 것을 안다. 진짜 문제를 알려면 현상의 원인과 문제를 보는 눈을 최대한 크게 떠서 '넓게' 봐야 한다. 예컨대 도로 정체를 다룰 때 단순히 해당 구간 고속도로 차선 수와 진입 차 대수의 문제로만 볼 것이 아니라 서울시 도로망 전체의 교통 흐름, 대중교통의 추가적 기여 가능성 등까지 고려해야 하는 것이다.

또한 진짜 문제를 알려면 현상의 원인과 문제를 '깊게' 보는 눈도 있어야 한다. 대중교통의 기여도가 낮은 이유는 무엇인지, 어떤 부분을 개선하면 기여도를 높일 수 있을지 등도 심층적으로 들여다봐야 하는 것이다. 그래서 어떤 요인이 부정적인 현상에 얼마만큼의 영향을 미치고 있는지 파악해야 한다. 진짜 문제를 파악하고 진짜 문제를 정의하는 일은 문제해결에서 최우선으로 해야 할 일이다. 그런데 진짜 문제가 무엇인지 제대로 정의하는 것은 새로운 관점으로 문제를 보는 것과 관련이 깊다. 이 점에서 문제를 제대로 정의하는 것은 그 자체가 창의적 과정이다.

문제 정의의 형태도 문제 유형에 따라 다르다. 현상 타개형은 현상의 근본원인을 파악한 후 그 근본원인을 제거하는 것이 문제의 정의가 될 것이다. 예컨대 괴혈병의 예방 및 치료의 경우 근본원인이 푸른 채소 속 어떤 영양소(후에 비타민 C로 명명)의 결핍이라는 것을 밝히고 선원에게 해당 영양소가 풍부한 푸른 채소를 제공하는 것이 해결책으로 제시되었다. 괴혈병 예방이라는 주제를 두고 진짜 문제가 무엇인지를 완전히 새로운 관점에서 찾아낸 것이다. 일견 단순한 문제인 듯해도 근본적인 질문을 던지고 그에 대한 답을 찾다 보면 효과가 탁월한 창의적(당시의 상식에 기반하지 않았다는 점에서) 해결책이 도출될 수 있다. 앞서 불량 신제품 반품 사례와 같이 원인과 해결책을 '특정 반도체의 가동으로 인한 납볼의 팽창 및 수축이 납볼의 파열로 이어지면서 오작동 발생, 따라서 해당 반도체의 성능을 소프트웨어로 제어하면 된다'는 식으로 정리해서는 안 된다. '왜 이런 문제가 출시 전 그렇게 엄격한 품질 시험에서 드러나지 않았을까'라는 의문에서 시작해 근본원인을 파고들어야 한다. 그러다 보면 드물지만 특정 조건에서 촉발되는 소프트웨어 결함을 발견한다든지, 기판의 충격을 줄이기 위해 기판과 기판 사이에 채워 놓은 소재가 특정 온도 대역에서 예기치 못한 팽창 특성을 보여 상황을 악화시켰다든가 하는 보다 근본적인 원인에 다다를 수 있다. 불량 해결과 관련해 진짜 문제가 무엇인지를 기존 상식을 넘어 훨씬 깊은 레벨에서 발견하는 것이다

목표 추구형 문제에서 창의적 문제 정의는 목표 자체를 지금까지의 일반적 관점을 벗어나 완전히 새롭게 정하는 것이다. 카카오택시

의 원형이 되는 우버는 기존의 택시업계가 '가장 친절하고 안전한 택시 서비스'를 목표로 경쟁할 때 택시 이용객과 미사용 중인 차량 소유주를 연결하면 언제든 원하는 시간에 훨씬 싼 가격으로 이동 서비스를 누릴 수 있다는 빌링에서 출발이었다. 우버는 '저렴하면서도 믿을 수 있는 온라인 택시 서비스 제공'이라는 목표를 추구하였고 그 결과는 모두 아는 바와 같다. 이를 위한 핵심 과제로 온라인 차량 콜 플랫폼 구축, 고객과 운전자 상호 간 안전성 검증 방법 고안, 신뢰성 있는 지불 방법 개발 등을 설정하고 각각의 해결책을 만들어 나갔다. 우버와 같은 사고 과정의 예를 또 하나 살펴보자. 여기 시장 지위를 높이기 위해 획기적인 제품을 기획하려는 한 가전회사가 있다. 고객이 진정 필요로 하는 것이 무엇인지 근본적으로 검토해보니 그것은 어떤 물리적 제품이 아닌 '깨끗하고 쾌적한 공기를 품은 환경'이었다. 그런데 고객 입장에서 이런 환경을 누리고자 어떤 제품을 목돈으로 구입해 설치 및 유지보수까지 신경 써야 한다면 큰 부담을 느낄 것이다. 그래서 이 회사는 자사의 제품을 단순한 물건으로 정의하지 않고 '월정액만 내면 제품 설치부터 유지보수 일체를 자사가 담당하고 고객은 그냥 쾌적한 환경을 누리게 한다'는 새로운 상품 개념을 내놓고 사업 모델을 검토하기로 했다. 이 회사가 내놓은 신상품은 그간 쌓아온 에어컨 관련 각종 센서 데이터를 이용했기 때문에 경쟁사가 따라하기도 쉽지 않다. 다시 말해, 고객 개개인의 성향에 맞게 세팅을 개별화하고 예방 정비를 시행할 수 있으려면 에어컨 관련 각종 센서가 수집한 상당량의 데이터가 필요한데, 이는 상당한 시간과 노하우를 필요로 한다는 의미다.

이렇게 문제를 새로운 시각으로 보는 것, 그래서 진짜 문제를 파악하는 것을 다른 말로 문제의 창의적 (재)정의라고 한다.

창의적 해결 방법을 찾는다

현상 타개형이든 목표 추구형이든 해결책을 찾는 과정에서 가장 중요한 것은 해결책의 밑그림을 그리는 방법을 선택하는 것이다.(밑그림을 '개념설계'라는 이름으로 부를 수 있다. '개념설계'는 서울대 이정동 교수의 《축적의 길》에서 차용한 개념이다. 뒤에서 다시 다룬다.) 다시 말해 세상에 있는 것을 활용해 밑그림 속 특정 부분을 개선할지 아니면 제로 베이스에서 새로운 밑그림을 다시 그릴지를 선택하는 것이다. 당연히 완전히 새로운 밑그림으로 해결책을 만드는 것이 훨씬 어렵고 실패 리스크도 크다. 다만 성공했을 때 성과는 기존 방식을 개선해서 얻은 것과는 비교가 안될 만큼 클 수 있다. 일례로 아이팟과 아이튠즈 개발을 들 수 있다. 아이팟 이전에도 많은 MP3 기기가 시장에 있었지만 모두 디지털 기술에 익숙한 소수만을 위한 기기였다. 그런데 애플은 누구나 쉽게 좋아하는 음악을 선택해 구매할 수 있는 서비스에 언제 어디서나 음악을 들을 수 있는 기기를 결합시켜서 완전히 새로운 제품 콘셉트를 세상에 선보였다. 그 결과 애플은 음악을 소비하는 방식을 근본적으로 바꾸었다.

또 다른 예로 자동차업계의 부품 모듈화를 들 수 있다. 과거 자동차업계는 제품개발 부문의 인력과 투자 및 제품원가를 줄이기 위해 흔히 최대한 부품공용화를 실시하고 입찰을 통해 부품 단가를 낮추는 방법을 사용했다. 10개의 차량 모델을 제작한다고 하면 엔진은 두 개 모델에서 같은 것을 쓰고 헤드라이트 전구는 세 개 모델에서 공용 부품을 쓰는 식이다. 그러나 최근 10년간 선도적 자동차업체는 이에 만족하지 않고 한두 개의 플랫폼 상에서 모든 부품을 모듈화 및 공용화하여 차량 모델 수는 일정하게 유지하면서도 부품 종당 수량을 획기적으로 늘이고 금형 투자 비용을 크게 줄이는 방법을 발전시켰다. 상품 라인업과 개발의 밑그림을 완전히 새로 바꾼 것이다. 이는 '정말 지금처럼밖에 안 되는가? PC에서 콘텐츠를 사듯이 휴대용 기기에서 음악을 살 수는 없는가?'와 같은 근본적 질문을 던지고 고민한 결과이다. 근본적인 질문일수록 해답을 찾을 수 있는 공간, 즉 솔루션 스페이스solution space를 넓히고 그 결과 해결 아이디어가 풍성해졌기 때문에 가능한 결과이다.

상품 매출을 늘리는 방법을 찾기보다 충성 고객을 늘리는 방법을 찾는 것이, 충성 고객을 늘리는 방법을 찾기보다 고객이 진정 원하는 것이 무엇인지를 찾고 이를 경제적으로 충족시킬 방법을 찾는 것이 더 근본적인 질문에 다가가는 길이다.

이해당사자의 입장을 반영한다

정의된 문제와 해결책이 보기에는 단순하고 쉬워 보여도 주체 또는 적용 대상이 되는 개인이나 조직 입장에서는 다를 수 있다. 어떤 회사가 경쟁사의 주력 시장에 출사표를 던지려고 하는데 이를 알아챈 경쟁사가 죽기 살기로 어떡하든 방어하겠다는 의사를 여러 방법을 통해 표현했다. 경쟁사의 반응을 무심히 흘려보낸 이 회사는 시장에 발을 들였지만 양사가 궤멸적 타격을 입는 결과를 낳고 말았다. 해결책이라면 영향을 받을 수 있는 회사 내 다른 조직과 회사 밖 관계자들의 반응까지 고려해 만들어져야 한다.

최근 '타다' 서비스를 둘러싼 택시업계의 반발에서 보듯이, 고객과 사회에 혜택을 안겨주는 수많은 이노베이션 시도가 이해당사자의 반발로 무산되었다. 제대로 된 해결책이라면 이 해결책으로 인해 주요 이해당사자에게 이득이 있거나 최소한 큰 손실이 없도록 보완책을 한 묶음으로 제시해야 한다.

불확실성에 대한 대처 및 적응방법을 포함한다

문제해결 활동 시 아무리 정보를 많이 가지고 있어도 불확실성을 완전히 피할 수는 없다. 현 상황에서 최적의 판단을 내리고 만든 해결책이라도 상황이 바뀌면 최악의 결과를 낳을 수 있다. 과거 우리나라가 외환위기를 겪을 당시 환율이 갑자기 두 배 이상 뛰는 바람에 외국에서 달러로 대규모 차입을 했던 기업은 생사의 기로에 서야 했다. 불과 2018년만 하더라도 미중 간 통상문제가 '전쟁'이라고 칭할 정도로 악화되리라고는 예상하지 못했다. 2019년 한국에 대한 일본의 반도체 소재 관련 수출 규제 또한 마찬가지다. 이전까지 세계화와 자유무역을 전제로 중국에 생산기지를 만들고, 일본에 기초소재를 의지한 한국 기업으로서는 뼈아픈 대목이다. 회사 조직 내 불확실성도 만만치 않다. 중요 제품이 올해 상반기 개발 완료될 것으로 보고 사업 계획을 잡았는데 다섯 달 지연되는 바람에 사업에 큰 타격을 입는 상황은 얼마든지 벌어진다. 제대로 된 문제해결법이라면 내외부의 불확실성에 대한 대비책도 생각해야 한다.

한마디로 창의적 문제해결이란 문제 정의에서 시작해 구체적인 해결책을 강구함에 있어서 지금껏 상식이라고 생각했던 모든 것을 비판적으로 검토하여(검증이 필요한 가설로 생각하고) 근본에서 문제를 (재)정의해 나름의 해결책을 찾아가는 사고 과정이다.

4장   문제해결의 근본 역량과 자세

조직에서 리더의 가장 큰 역할은 목표 달성으로 향하는 올바른 방향을 설정하고 그 길에 걸림돌로 작용하는 중대한 문제를 해결하는 것이다. 우리가 현실에서 부딪히는 문제는 많은 요인이 복잡하게 얽혀 있어 몇 가지 기발한 해결 아이디어로는 풀리지 않는다. 보통 우리는 현실의 문제를 다룰 때 세상의 작동원리에 대한 통찰을 통해 문제를 파악한 후 이 문제를 해결하기 위해 기존의 지식을 활용하거나 이렇게 해도 안 되면 완전히 새로운 발상에 의지해 참신한 해결법을 찾아 나선다. 성공적인 문제해결이란 상식에서 벗어나 새로운 관점에서 문제를 보고 창의적 발상에서 비롯된 해결책을 도출하는 것이다. 이번 장에서는 이런 결과를 만들기 위해 리더가 갖추어야 할 근본 역량과 마음가짐을 소개한다.

비판적 사고

비 오는 날 궁정 화단에 물을 주고 있는 병사가 있었다. 이를 본 왕이 그에게 물었다. "비가 내리는데 왜 물을 주고 있는가?" 병사가 대답했다. "왜 그렇게 하는지는 모르겠지만 아주 예전부터 매일 이 시간에 물을 주어 왔기 때문입니다."

　지금까지 누구나 일상적으로 내리는 판단이나 취하는 행동은 다 그럴 만한 이유가 있어 시작되어 유지돼 온 것이다. 문제는, '지금도 꼭 그런 식으로 해야 하는가'라는 의문 없이 과거에 정해진 대로 하는 경우가 대부분이라는 것이다. 비판적 사고는 지금까지의 방식과 주장이 갖고 있는 타당성에 끊임없이 의문을 제기하고 대안을 찾는 사고방식이다. 또한 비판적 사고는 목표 달성과 관련된 여러 사안의 원인에 대해 왜 그런지 지속적으로 묻고 그에 대한 답을 찾는 사고방식이다. 비판적 사고는 누군가의 글이나 주장을 무턱대고 믿지 않고 일단 하나의 가설로 받아들여 합당한 근거가 있는지 살펴보는 것이자 앞에 놓인 문제가 목적 달성에 중요한 진짜 문제인지 질문하는 것이기도 하고, 일견 자연스러워 보이는 해결책이 진정 최선의 해결책인지 재검토하는 것이기도 하다.

　그렇다면 왜 비판적 사고가 성공적 문제해결에서 가장 우선시되는 역량인가? 당연한 얘기지만 제대로 된 문제해결은 현재 상황을 근본적으로 이해하는 일이 필수적이다. 질병을 분노한 토지신이 내리는 벌이라고 생각하면 열심히 제사를 지내거나 멀리 이사 가는 수밖에 없다. 그러나 미생물이나 독성물질에 의한 감염이 질병을 일으키는 원인이라고 판단하면 환자의 몸에서 미생물을 찾아내 이를 제거할 방법을 고심할 것이고 침투 경로를 알아내 예방법을 마련하려고 애쓸 것이다. 비판적 사고가 어떻게 문제해결로 자연스럽게 연결되는지 살펴보자. 예를 들어, 사람들이 우주선 발사 비용이 너무 부담스러워서 우주 관광은 불가능하다고 말하면 비판적 사고의 소유자는 '왜 발사 비용이 이렇게 높아야 하는가'라고 의문 제기를 한다. 로켓 건조 비용 때문에 그렇다고 대답하면 '로켓을 재사용할 수는 없는지' 다시 질문하고, 회수가 어려워 재사용이 불가능하다고 답변하면 '첨단 디지털 시대에, 위치추적 기술이 이렇게 발전한 시대에 회수를 못할 이유가 무엇이냐'고 되묻는다. 이렇게 끈질기게 비판적 사고를 이어나간 결과, 현재 재활용 가능 발사체가 개발됨은 물론이고 발사 비용도 크게 낮아졌다. 우주 관광이 가시권 내에 들어온 것이다. 눈앞의 환경적·기술적 제약에 수동적으로 반응하지 않고 '왜 꼭 그래야 하는지, 다른 대안은 없는지'를 끈질기게 추구하는 비판적 사고방식은 긍정적 결과로 이어진다.

강조하지만, 문제해결의 절반은 진짜 문제가 무엇인지 아는 것이다. 대다수가 현재의 에어컨 기능과 서비스에 만족할 때 비판적 사고는 '냉방 기능이 미작동 중에도 미세먼지를 제거하면서 동시에 환기도 해주는 에어컨을 개발할 수는 없을까, 또 왜 이렇게 비쌀 수밖에 없을까' 등의 의문을 제기하는 것이다. 그리고 '네가 몰라서 그래. 온종일 미세먼지를 제거하면서 환기를 하려면 전기료가 너무 많이 나와. 그래서 그런 거야' 같은 '그럴 만한 이유가 있어'식의 대답에 절대 납득하지 않는 것이다. 비판적 사고는 '환기 목적으로 가동될 때 왜 지금처럼 전기가 많이 소모되어야 하는지, 혹시 냉방 목적으로만 에어컨을 가동했던 과거의 사용 패턴을 답습한 결과 냉방 효율은 좋지만 환기 효율은 떨어지는 지금의 기술 방식이 굳어진 것은 아닌지, 냉방과 환기 두 기능 모두를 만족시키는 기술 방식은 불가능한지' 등의 질문을 끈질기게 제기하는 것이다.

현상에 대한 잘못된 지식과 상식 때문에 문제해결 노력은 엉뚱한 곳에 쏟아 부어지고 결국 실패로 끝난다. 19세기만 해도 절반에 가까운 영아들이 5세 이전에 사망했다. 사람들은 이런 비극의 원인을 산모의 신체적 특성으로 돌렸다. 그래서 누구도 개선할 생각이 없었던 때 어느 한 사람이 다음과 같은 의문을 가졌다. "내가 살펴보니 산모 혼자 아이를 낳을 때보다 의사가 아이를 받을 때 사망률이 더 높은 것 같다. 왜 이런 결과가 나올까?" 그러면서 아이를 받는 의사의 손이 병을 옮기는 것이 아닐까 하는 가설에 도달했고, 결국 '손을 잘 씻는 것이 관건'이라는 올바른 해결책을 도출해냈다. 그 결과 영아 사망률은 극적으로 낮아졌다.

이처럼 과학적 발견도 비판적 사고의 결과인 경우가 많다. 상식적 수준의 설명에 의문을 제기하고 근본적 원인을 추구했기 때문에 가능한 결과인 것이다. 지금이야 상대성이론에 따른 중력 지식이 일빈화됐지만 아인슈타인 이진 물리학은 뉴턴 물리학이나. '모든 실량을 가진 물체에는 지구 중심으로부터 끌어당기는 힘이 작용하고, 이 힘을 중력이라고 하며, 중력은 질량에 비례하고 서로 간 거리의 제곱에 반비례한다.' 이것이 뉴턴이 중력을 이해한 방식이었다. 이러한 뉴턴 법칙을 활용해 인류는 새로운 행성을 다수 발견했고 수많은 천체 현상을 설명할 수 있었다. 그러나 누구나 뉴턴 법칙에 따라 세상은 이렇게 작동한다고 설명할 뿐 누구도 '왜' 이런 현상이 나타나는지에 대해서는 의문을 던지지 않았다. 아인슈타인 이전까지는 '질량을 가진 물체가 왜 중력을 갖는지' 아무도 질문하지 않았다. 아니, 누군가 질문을 했다 해도 쓸데없는 질문만 한다고 비난 받을 가능성이 컸다.(과학사를 전공한 분으로부터 실제로 그랬었다는 얘기를 들었다.) 그럴 때 아인슈타인은 이런 의문을 가졌다. 그리고 이 의문에 대한 답을 찾고자 끈질기게 연구했다. 그 결과 질량을 가진 물체는 주변의 시공간을 휘게 하여 그곳에 있는 물체가 굴러 들어오게 하는데, 이는 마치 서로 끌어 당기는 것처럼 보인다는 설명을 내놓았다. 후에 뉴턴 방정식은 일반상대성 방정식의 특수한 경우임이 밝혀졌고, 질

뉴턴의 중력법칙과 아인슈타인의 중력장이론

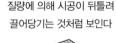

뉴턴: 만유인력

아인슈타인: 질량에 의한 시공간의 뒤틀림

질량 있는 물체는 서로 끌어당긴다

질량에 의해 시공이 뒤틀려
끌어당기는 것처럼 보인다

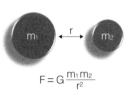

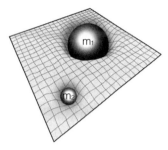

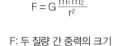

$$F = G\frac{m_1 m_2}{r^2}$$

F: 두 질량 간 중력의 크기
r: 두 질량 간 거리
m_1: 지구의 질량
m_2: 물체의 질량
G: 중력가속도(상수)

량이 공간을 휘게 한다면 빛도 질량이 큰 물체를 지나면서 휘어지리라는 가설은 개기일식 때의 별 관측을 통해 사실로 확인되었다. 사실 뉴턴 물리학으로는 질량을 가진 물체 사이에 중력이 작용할 때 빛이 휘어지는 현상을 도저히 설명할 수 없다. 아인슈타인 이론은 단지 자연 현상을 설명하는 이론으로만 끝나지 않고 현재 인공위성과 지표면 상의 중력 차에 의해 일어나는 GPS 위치 오류를 수정하는 등 여러 실용 방면에도 적용되고 있다. 물론 아인슈타인 이론도 '그렇다면 왜 질량을 가진 물체 부근에서 시공간이 휘는가'라는 질문에는 '자연은 원래 그렇다'라고 대답할 수밖에 없다. 언젠가는 이를 설명하는 더 근본적인 이론이 나올 것이다.

한 회사가 당사에 큰 수익을 안겨주었던 제품을 트렌드에 맞게 재출시하기로 했다. 이를 위해 늘 해왔던 대로 유명인을 앞세운 광고를 제작해 내보냈다. 그런데 얼마 지나 이 업무를 맡은 새로운 담당자가 기존의 광고 전략을 살펴보더니 색다른 의문을 제기했다. "과거 이 제품의 성공 이유가 정말 유명인 광고모델 때문일까요? 그래서 앞으로도 높은 이용료를 내며 이렇게 만들어야 할까요?" 그는 데이터 분석을 통해 제품 성공은 유명인 모델 덕이 아니고 제품 콘셉트와 사용 경험담이 청년층의 공감을 이끌어내면서 SNS를 통해 빠르게 퍼져나갔기 때문이라고 밝혔다. 그리고 심지어 해당 제품은 유명인의 이미지와 잘 맞지도 않는다고 덧붙였다.

이렇듯 비판적 사고는 현상을 보는 마음가짐이면서 과학적 방법론을 반영한 사고 과정이다.

상상력

비판적 사고가 상식에 의문을 제기하는 도구라면 상상력은 대안적 아이디어를 '찾는' 중요 도구이다. 필자가 '만든다'가 아니라 '찾는다'는 단어를 사용한 데 주목하길 바란다. 현상에 대한 깊은 분석은 기존의 설명과 방식에 대한 비판을 담기 마련이다. '이렇게 설명할 수밖에 없을까, 꼭 이런 식으로 해야 할까, 원인은 이게 다인가' 등의 반문이 제기될 수밖에 없는 것이다. 따라서 상상력은 없던 것을 '만들어내는' 것이 아니라 기존의 것을 새롭게 인식하고 미처 못 본 것을 '찾는' 도구이다. 한편 올바른 통찰을 담은 비판은 대안으로 이어져야 의미가 있다. 그리고 상상력은 바로 이 대안을 찾는 과정에서 진가를 발휘한다. 스스로의 좁은 지식과 바랜 상식이 생각을 옭아매고 있는 그때 상상력은 확 트인 시야와 사고의 자유로움을 선사해준다. 앞서 등장한 냉방 및 공기정화 기능을 동시에 갖춘 에어컨의 개념을 대안으로 제시할 수 있었던 힘이 바로 상상력이다. 기존의 냉매 순환, 열 교환방식에서 개선책을 찾으려는 우물 안 사고를 벗어나 완전히 다른 기술 기반에서 생각해보는 것, 바로 상상력이 작용했기 때문에 가능하다. 아인슈타인의 상대성원리도 중력에 대한 대안적 설명을 찾는 과정에서 상상력이 발휘됐기에 도출될 수 있었다.

사실 수많은 현대 기술은 상상을 현실로 만들고자 했던 오랜 노력의 결과물이다. 미국 NBC 방송국에서 1966년에 시작한 SiFi(공상과학) 시리즈 〈스타트랙〉 중 '스타트랙: 엔터프라이즈' 편에 등장한 휴대용 통신기를 기억하는가? 지금의 스마트폰은 이 드라마를 보며 상상의 나래를 펼쳤던 많은 사람의 노력이 결집된 결과물이다. 누가 알겠는가? 어쩌면 스페이스 엘리베이터, 화성 여행 및 정착지 건설, 소행성대 채굴, 두뇌 내 지능형 임플란트, 인공 눈, 아이언맨 수트,

R2D2나 C3PO같은 로봇, 항성 간 여행 등 공상과학적 상상물이 현실될 날이 우리 세대에 올지도 모른다. 열린 마음과 상상력의 힘은 이렇게 뻗쳐 나간다.

우리는 상상력을 발휘하는 기회를 많이 갖지 못했다. 교육과정이나 업무 현장 어디에서도 상상력이 요구되는 일은 드물었다. 그러나 우리나라 기업과 리더는 누구보다도 창의적인 조직을 꾸리고 싶어 한다. 그들 자신도 상상력이나 창의력을 자극받고 활용했던 경험이 부족해 상상력이 필요한 상황에서 느낀 당혹스러움을 부정적 반응으로 표현하는 경우가 많을 뿐이다. 상상력을 자유롭게 발휘할 수 있는 조직문화를 만드는 일은, 90년생으로 대표되는 새로운 세대와 더불어 미래를 꾸려가야 하는 모든 조직 리더들의 주 과제이다.

과학적이고 논리적인 엄격함

직관과 상식은 매우 중요한 도구이다. 생활 속 대부분의 문제는 직관과 상식의 영역이다. 맹수를 만난 위험천만한 상황에서 도망칠까 아니면 싸울까를 결정하는 것은 직관이다. 1초만 늦어도 생사가 갈릴 수 있는 시점에서 발휘되는 직관적 판단은 결코 무시할 수 있는 사고틀이 아니다. 게다가 산행 여부 같은 일상적 결정까지 상세한 분석을 거쳐야 한다면 두뇌가 견뎌야 하는 에너지 부담과 피로감은 상당할 것이다. 하지만 이렇게 필수적인 직관 능력이 현대의 복잡한 문제를 판단할 때는 부적절할 때가 많다. 상상력도 마찬가지다. 상상력 특유의 힘이 실제로는 인과관계가 없는 것을 있다고 보고 해결책을 찾는 데 작용할 수 있고, 현 상황에 대입할 수 없는 과거 경험이나 자기 역량을 적용해 잘못된 판단을 내리는 데 활용되기도 하는 것이다. 그러므로 직관적 판단이나 상상력을 사용하되, 중요 사안을 처리할 때는 철저한 과학적·논리적 검증을 거치도록 해야 한다.

근대 과학의 발전은 직관과 상상력에 엄밀한 검증이 더해지면서 완성되었다. 리더의 문제해결도 직관만으로는 안 된다. 깐깐한 검증이 함께해야 한다. 다음 2부에서 다룰 내용 중 많은 부분이 바로 과학적 내지 논리적 검증에 관한 것이다. 과학적이고 엄밀한 검증은 상상력을 발휘하고 기발한 아이디어를 내는 것처럼 즐거운 수만은 없다. 그러나 엉뚱한 길로 빠지지 않고 올바른 해결책에 이르는 데 믿음직한 표지판이 되어 준다.

주인으로서의 마음가짐

문제해결에 있어서 무엇보다 중요한 것은 문제를 대하는 각자의 마음가짐이다. 리더라면 더더욱 그러하다. 조직에 오랫동안 경영진으로 일해 온 필자의 경험으로 봐도 리더의 마음가짐에 따라 문제해결의 향방이 결정되는 경우가 적지 않다. 프로 운동선수의 경기 기록은 그간의 훈련 양과 강도, 자기 관리 능력을 말해주기도 하지만 이기려는 의지, 각오와 같은 마인드 역량을 나타내기도 한다. 필자는 특히 리더라면 갖춰야 하는 문제해결의 마음가짐으로 다음 네 가지를 꼽는다.

과정에 집중하는 마음

결과에만 연연하면 긴장해서 현실을 제대로 볼 수 없다. 또 현실 이면에 숨은 작동원리를 파악할 수도 없을뿐더러 해결책과도 점점 멀어진다. 뛰어난 골프 선수는 두 가지 일에만 집중한다. 공을 목표 지점에 보내는 일과 그러기 위해 적합한 채를 골라 제대로 스윙하는 일, 바로 그것이다. 이번 홀 승부에 얼마의 상금이 걸려 있든 고수는 과정을 제대로 이행하는 일에만 집중한다. 조직을 맡고 있는 리더의 마음가짐도 프로 골퍼와 같아야 한다. 복잡한 문제 그 자체에 신경을 빼앗기거나 결과가 조직과 본인 신상에 어떤 영향을 끼칠지가 주관심사항이 돼서는 안 된다. 문제해결을 둘러싼 생각의 과정에 집중해야 한다. 이렇게 할 때 결과도 만족스러울 것이고 문제해결 과정자체도 즐거운 경험이 될 것이다.

공적 책임감으로 무장한 마음

리더는 방향을 설정하고 정한 방향으로 조직을 이끄는 사람이다. 따라서 리더가 문제해결과 관련해 결정하고 실행한 모든 것은 항상 조직에 유익해야 한다. 무급의 자원봉사자도 누군가의 필요를 채워줄진대 차별적인 급여와 대우를 받는 조직 리더라면 본인이 왜 이 자리에 있는지 항상 의식해야 한다. 그러나 의외로 조직의 이익보다 자기 이익을 앞세우는 리더가 많다. 온전히 자기 이익이 최우선인 리더는 드물겠지만 조직의 목표에 슬쩍 자기 이익을 끼워 넣는 리더가 적지 않은 것이 사실이다. 옳지 않은 행동이다.

미래는 만들 수 있다는 마음

미래를 예측하기란 물론 어렵다. 인간의 행동을 비롯해 수많은 내외적 요인이 상호작용한 결과가 미래이기 때문이다. 예측불가능이 미래의 특징이기는 하지만 의지만 있으면 만들어 갈 여지가 아예 없는 것도 아니다. '곧 불황이 온다, 금융위기가 온다'는 뉴스가 연일 매체를 장식하는 경우 실제로 그런 일이 발생하지 않을 가능성이 크다. 정부당국과 경제 주체가 불황이나 금융위기를 피할 수 있는 조치를 사전에 취하거나 이들 피해를 최소화 또는 연기하는 방안을 미리 마련하기 때문이다.

조직의 리더에게도 미래를 만들어간다는 마음가짐이 요구된다. 특히 요즘처럼 기술, 지정학, 자연환경 등 내외부 조건이 급변하는 상황에서는 더더욱 그렇다. 과거처럼 단순히 미래를 예측하고 대응전략을 세워 사업을 전개하는 식으로 기업을 경영해서는 생존마저 어려울 수 있다. 정해진 미래를 예측하겠다는 태도를 버리고 미래는 만들기 나름이라는 적극성을 가질 필요가 있는 것이다. 이런 마음가짐일 때 고객에게 제공할 새로운 가치를 발굴하고 먼저 해결책을 제시하여 시장의 게임 룰을 만들어 갈 수 있다.

잔인할 정도로 정직한 마음

경영 대가들이 이구동성으로 리더라면 갖춰야 할 마음가짐으로 가장 먼저 꼽는 것이 상황을 있는 그대로 보는 것이다. 그러나 리더 개인으로서나 조직 전체로서나 처한 현실을 직시하기란 여간 힘든 일이 아니다. 몰라서 못하는 것이 아니다. 사람이라면 누군가 불편하고 괴로운 사실을 있는 그대로 말해주면 화부터 나기 마련이다. 인간은 불편한 것은 무시하고 자기 보고 싶은 대로 보는 존재이다. 그러나 인간의 본성은 본성이고, 문제해결은 현실을 있는 그대로 보는 것에서 출발한다는 사실을 기억하자. 리더라면 누군가 본인의 결정과 판단에 부정적 의견을 말한다고 해서 감정적으로 반응해서는 안 된다. 오히려 '왜 그런 생각을 하게 되었는지' 그 이유를 철저히 파고드는 태도를 가져야 한다. 결코 부정적 피드백을 피하거나 두려워해서는 안 된다.

2부에서는 문제해결에 필요한 기본 역량인 비판적 사고, 상상력, 과학적·논리적 엄밀함, 문제해결 주인으로서의 마음가짐을 실제 적용할 때 필요한 핵심 도구를 다룬다. 2부에서 다루는 개념과 스킬은 학문 분야에서 이미 깊이 연구되어 온 것들이다. '통계적 분석' 하나만 하더라도 수년을 공부해야 할 정도로 방대한 분야이다. 이 책에서는 복잡한 문제를 해결할 때 어떻게 활용할 수 있을지에 초점을 두고 필히 갖춰야 할 지식으로 판단되는 것만 다루었다. 더 깊이 공부하기 원하는 독자는 맨 뒤에 수록한 추천도서 목록을 참고 바란다.

2부

문제해결을 위한
생각의 엔진과 관련 도구

5장 생각의 엔진

디인 당신은 불만족스러운 현상의 근본원인을 밝혀야 하는 탐정이자 답을 종합적으로 디자인해야 하는 해결사이다. 2부에서는 이 역할을 성공적으로 수행하는 데 필요한 '생각법'과 이를 돕는 몇 가지 '도구'를 제시한다. 앞으로 소개하는 생각법은 막연한 발상법이 아니라 '분석-가설-검증-종합'을 반복하면서 답을 찾는 체계적 과정이므로 '생각의 엔진'이라고 칭한다. 생각의 엔진을 활발히 가동하는 데 도움이 되는 핵심 도구는 단순히 이해로만 끝나서는 안 된다. 업무 현장에서 자유자재로 다룰 수 있을 정도로 익숙해져야 한다.

생각의 엔진을 구성하는 요소를 두 부분으로 나누어 살펴볼 텐데, 그중 하나는 '가설 지향적' 어프로치이고 다른 하나는 '분석과 종합'이다.

가설 지향적 어프로치: 탐정과 해결사의 기본 도구

한 남자가 한적한 교외에 늘 그리던 집을 지어 이사해왔다. 그는 퇴근 후에는 보금자리로 돌아와 전원생활을 만끽했다. 가족들도 좋아했다. 그러던 어느 날 밤 큰아이가 열이 펄펄 끓었다. 인근 도시에 있는 병원 응급실로 차를 운전해 가야 하는데 밖은 태풍이 들이 닥쳐 비가 쏟아지고 있었다. 그는 집에서 병원까지 최단 시간 도착할 수 있는 노선을 생각해보았다. 응급실이 있는 두 개의 병원이 떠올랐고 따라서 노선도 두 개가 있었다.

A병원은 집에서 가까운 곳에 있지만 그곳에 가려면 지역 주민이 주로 이용하는 도로를 이용해야 했는데 통과해야 할 개천 다리 한 개를 끼고 있었다. 평소라면 별문제가 아니지만 장마나 태풍 때는 물이 넘쳐 다리 통행이 제한될 수도 있었다. 반면 B병원은 멀리 있지만 고속도로를 탈 수 있다는 장점이 있었다. 다만 우천 시 고속도로는 극심한 정체를 빚기 때문에 병원 소재 도시까지 소요 시간이 얼마일지 알 수 없었다. 고심 끝에 개천 다리 부근에 있는 관공서에 연락해

다리 상황을 알아보고 뒤이어 고속도로 관리 당국에 해당 구간 교통 흐름을 문의한 후 판단하기로 했다. 그 결과 이 남자는 A병원에 이르는 노선을 선택했다.

이렇게 우리는 문제 상황에 부딪히면 상상력을 이용해 우선 일련의 가설을 세운다. 예화 속 남자가 아이를 치료하는 방법으로 생각한 가설은 두 가지였다. 첫 번째 가설은 '동네 의원이 아니라 큰 병원 응급실로 가야 아이가 나을 수 있다'였다. 두 번째 가설은 큰 병원 응급실 가는 방법에 관한 가설로, '지역 도로를 이용해 A병원에 간다'와 '고속도로를 이용해 B병원에 간다' 두 가지였다. 그리고 나서 남자는 본인이 세운 두 가지 가설의 타당성 여부를 결정적인 정보(개천 다리의 통행가능 여부, 고속도로 정체 상황)를 확인하는 것으로 판단했다.

'가설 지향적' 어프로치는 문제해결을 위한 가장 기본적 방법론이다. 이것은 문제해결 과정 초기에 목표 달성과 관련해 진짜 문제가 무엇이고 해결 방향은 어떤 것인지에 대한 가설을 세우고 각 가설의 유효성을 과학적으로 검증 및 수정하면서 해결책을 찾는 문제해결법이다. 이렇게 결정된 해결책이 올바른 것인지의 여부는 진짜 문제와 해결 방향에 대한 가설을 세울 때 비판적 사고력과 상상력을 얼마나 발휘했는가에 달려 있다. 물론 생각의 편향에 휘둘리지 않고 제대로 된 답을 찾으려면 가설의 유효성을 과학적으로 검증하는 것이 중요하다.

이 방법론이 가설, 과학적 검증 및 그에 따른 수정이라는 과학적 단계를 채용하고 있지만, 문제해결 과정이 일반적인 과학적 발견 과정과 다른 점은, 활동 초기부터 현상에 대한 가설뿐만 아니라 해결 방향에 대한 가설도 염두에 두고 조사와 분석을 행한다는 것이다.

현상 타개형 문제에서 진짜 문제를 파악하는 과정은 마치 탐정이 범죄 현장을 보고 가설을 세운 뒤 이를 뒷받침하는 증거의 유무에 따라 가설을 유지하거나 수정하면서 결론을 내는 것과 비슷하다. '병원 응급실 노선 찾기'의 예가 보여주듯이, 문제 상황이 되면 자연스럽게 현재 상황과 해결 방법에 대해 직관적 가설을 만들기 마련이다. 첫 번째 가설은 개인 병원이 아닌 큰 병원 응급실로 가야 한다는 것이고, 두 번째 가설은 큰 병원에 가는 데 두 개의 길이 있다는 것이다. 두 길의 현재 상황을 가설적으로 판단하여 둘 중 하나를 고르는 것보다 더 현명한 판단은 각 길의 상태를 전화나 인터넷으로 확인한 후 확실성이 더 큰 길을 선택하는 것이다.

신제품의 품질 불량의 원인을 찾는 경우도 마찬가지다. 먼저 근본원인에 대한 가설을 세우고 검증을 거쳐야 한다. 올바른 원인 가설이라면 불량 제품에서 소재 특성상 혹은 전기 특성에서 비롯되는 증상을 예측할 수 있을 것이다. 가설에 따른 이러한 예측과 실제 결과를 비교하면 원인 가설이 진실인지 아닌지 판단할 수 있다.

원인 가설 검증을 통해 진짜 문제를 파악한 경우에도 해결책 마련은 해결 방향에 대한 가설 설정 및 가설에 따른 구체적인 해결책

과학적 방법론

과학적 방법론이란 말의 의미는 다음과 같다. '세상과 현실에 대한 어떤 설명이 맞는지 틀리는지 알 수 있는 절대적인 방법은 없다. 그래서 현실과 그 작동원리에 대해 가설적 이론을 세운 후 사실로 반증될(가설에 의한 예측 결과와 사실이 부합하지 않을) 때까지 진실로 간주한다.'

우리 삶을 규정하는 대부분의 도구와 생활 양식은 과학적 세계관의 결과물이다. 과학적 세계관은 사변적이고 철학적인 세계관과 대립되며, 가장 대표적인 특징으로 물질환원주의에 바탕을 둔다는 점을 들 수 있다. 즉 세상의 모든 현상은 물질의 특성, 물질 간 관계로 설명할 수 있고 여타 정신적이거나 형이상학적인 다른 어떠한 개념의 도움도 받을 필요가 없다고 본다.

과학적 방법론은 이러한 세계관 위에서 관찰을 통해 현상에 숨은 규칙적 패턴을 발견하고 그 패턴을 설명할 수 있는 가설적 이론을 세운 다음, 가설적 이론에 따라 예측하며 예측 결과를 검증한 후 검증 결과에 맞게 가설적 이론의 수정과 검증을 반복하는 과정이다.

검증이 있은 후에 이뤄져야 한다. 앞의 테헤란로 도로 정체 사례를 생각해보자. 브래스의 역설을 아는 사람이라면 새 도로를 만들기보다 기존 도로의 차선 일부를 넓히거나 대중교통 체계의 개선을 해결 가설로 생각할 것이다. 물론 이 가설도 네트워크 시스템의 시뮬레이션을 통해 효과를 사전 검증해야 함은 물론이다. 해결 방향에 대한 가설이 없으면 구체적인 해결책을 만들 수 없고 따라서 효과도 검증할 수 없다.

분석과 종합: 복잡한 문제를 마음대로 요리하는 힘

미세먼지 절감 대책이나 화성 정착지 건설 프로젝트 같은 크고 복잡한 문제는 단번에 진짜 문제를 파악하거나 중요 과제에 대한 해결책 찾기가 거의 불가능하다. 너무 많은 요인이 서로 얽혀 있기 때문이다. 이럴 때는 대상을 처리하기 용이한 단위로 쪼개어 검토한 후 결과를 결합하여 답을 만든다. 이를 분석과 종합이라 한다.

분석

분석分析이란 나눈다 혹은 쪼갠다는 뜻이다. 화학 분석이라고 하면 물질을 분해하여 어떤 구성 성분으로 되어 있는지 알아보는 것을 말한다. 문제해결 과정에서 분석이란 단어는 주로 두 가지 활동을 의미한다. 하나는 진짜 문제와 해결 방향에 대한 가설을 세울 때 속단하는 위험을 피하기 위해 모든 가능성을 리스트업하여 하나하나 검증하는 작업(원인 분석)을 말한다. 또 하나는 크고 복잡한 문제를 보다 다루기 용이한 작은 단위로 쪼개어 각각의 해결책을 찾는 것(과제 분석)을 의미한다.

미세먼지 원인 분석

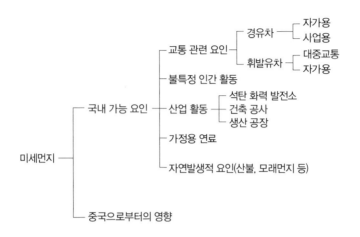

현상 타개형 문제를 다룰 때 분석이 어떻게 활용되는지 살펴보자. 현상 타개형 문제의 해결 과정 초기에는 원인 가설이 복수인 경우가 많다. 그래서 현재의 증상에 영향을 미쳤을 가능성이 있는 요인을 모두 리스트업하여 각각에 대해 영향도를 검증한 후 영향도가 큰 요인을 중심으로 진짜 문제와 해결 방향에 대한 가설을 만들게 된다. 이를 (각 요인에 대한) 민감도 분석이라 한다. (이처럼 가설 지향적 어프로치는 이번 장에서 다루는 분석 및 종합과 결합될 때 '진짜 문제'를 파악하는 데 매우 효과적인 도구가 된다.)

그렇다면 분석은 어떻게 진행되는가? 먼저 현상 타개형 문제의 경우 현재의 바람직하지 않은 현상을 일으키는 모든 가능한 원인을 앞의 그림처럼 리스트업한다. 미세먼지 사례로 보면 차량 매연, 화석 발전소의 매연, 공사 분진, 타이어 마모 분진, 난방 매연 등 모든 발생원을 리스트업하는 것이다. 두 번째 단계에서는 각 발생원에서 생기는 탄소화합물이 어떤 화학과정을 거쳐 미세먼지 성분이 되는지를 말해주는 인과관계 이론을 찾거나 없으면 만들어 과학적 실험을 통해 검증한다. 세 번째 단계에서는 각 발생원에서 나올 수 있는 미세먼지 성분 비중을 조사해 어떤 발생원이 가장 심각한지 파악한다. 네 번째 단계에서는 각 발생원별로 미세먼지 조성 과정을 차단할 수 있는 가설적 방법을 찾고 실험을 통해 이를 검증한다.

또 다른 예를 살펴보자. 매출 부진으로 고심하는 한 회사가 있다. 제품도 괜찮고 기업 이미지도 나쁘지 않은데 매출이 늘지 않아 고민이다. 그래서 무엇이 매출을 좌우하는지 알기 위해 민감도 분석을 실시하기로 하였다. 다음 그림은 이 회사의 매출액을 그에 영향을 미치는 요인으로 쪼개어 본 것이다. 어떤 요인은 더하기 관계이고 어떤 요일은 곱하기 관계이다. 더는 나눌 수 없을 정도로 최대한 쪼갠 후 각 요인에 일정 비율로 변화를 주었을 때 매출액에 미치는 영향을 계산한다. 이때 매출액의 변동 비율이 큰 요인을 두고 '민감도가 높다', '개선 노력의 효과가 크다'고 말할 수 있다. 그림에서 보는 것처럼 민감도 분석은 해결 가설의 방향을 지시하고 진실 여부를 검증하는 매우 유용한 도구이다.

매출 영향 요인 분석트리

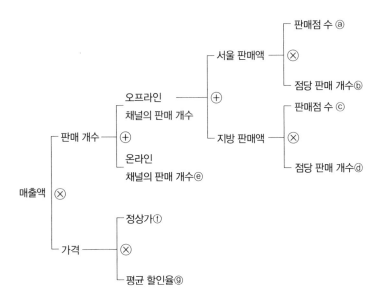

각 요인별 10% 변동 시 매출 영향(민감도)

진짜 문제를 아는 상황에서 해결책을 찾을 때 또는 목표 달성에 핵심적인 과제를 파악할 때 부분적 효과가 아닌 전체적이고 유기적인 효과를 거두기 위해서는 여러 하부 해결책을 결합해야 하는 경우가 많다. 하부 해결책을 도출하기 위해 전체 문제를 작은 단위로 쪼개는 것을 과제 분석이라고 한다.

목표 추구형 문제의 경우 목표 달성에 중요한 과제(문제)를 리스트업한 후 각 과제의 해결에 중요한 소과제를 리스트업하고 다시 각 소과제별 해결에 중요한 과제를 리스트업한다. 이를 구체적인 행동에 이를 때까지 반복한다. 이때 목표 달성에 핵심적인 과제(Mission Critical 과제)를 파악하여 노력과 자원을 집중한다. 다음의 그림은 화성 정착지 사례를 과제 분석한 결과를 정리한 것이다.

분석을 위해 문제를 분해해 나가는 방식에는 크게 두 가지가 있다. 앞의 예처럼 하위 요소 간 상호작용이 없다는 전제 하에 활용하는 '로직 트리 분석'과 하위 요소 간 복잡한 상호작용이 일어나 전체 효과가 나타난다는 전제 하에 활용하는 '시스템 분석' 방식이 그것이다.

로직 트리에 대한 설명은 이해를 위해 다음 페이지에 박스로 정리해 놓았다. 시스템 분석은 말 그대로 시스템을 중심축으로 삼아 외부 충격이 있을 시 시스템이 어떻게 대처할 수 있고 부분 사이의 상호작용이 어떻게 시스템에 영향을 주는지 시뮬레이션하고 이를 통해 시스템 전체에 가장 크게 영향을 주는 요인을 찾는 데 사용한

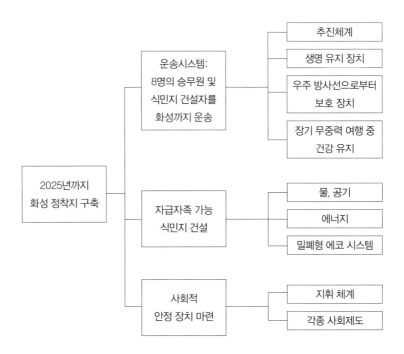

다. 참고로, 시스템의 의미를 간단히 말하면 상호작용하는 부분들의 전체라고 할 수 있다. 시스템에 대해서는 6장에서 자세히 다룬다. 두 가지 외 다른 분석법에 관심 있는 독자는 5장 맨 뒤(73쪽)에 있는 박스 본문을 참고하길 바란다.

로직 트리의 뜻과 원칙

로직 트리와 MECE

분석은 사물이나 문제를 작은 단위로 쪼개어 각각의 특성을 깊이 연구하는 것이다. 로직 트리는 논리적인 기준에 따라 문제를 쪼개고 쪼개어 본 결과가 마치 줄기에서 가지를 쳐 나온 것 같다 하여 붙여진 이름이다. 로직 트리에서 항목을 쪼갤 때는 MECE 원칙에 따라야 한다. MECE란 컨설팅회사 맥킨지의 분석 개념으로, ME(Mutually Exclusive: 상호배제)와 CE(Collectively Exhaustive: 전체 포괄)의 각 첫 자를 조합한 단어이다. 이를 로직 트리에 적용하면 항목을 쪼갠 결과물이 상호중복되지는 않는지, 전체적으로 누락된 것은 없는지를 검토해야 한다는 의미이다.

〈로직 트리 모양〉

MECE에 익숙해지려면

많은 사람이 MECE 원칙을 지켜 대상을 쪼개 보지만 쉽지 않다고 토로한다. 필자는 익숙해지는 훈련 방법으로 명사의 분류 트리, 대상의 원인 트리, 해결방안 트리 순으로 연습해 볼 것을 권한다. 아래 제시한 명사의 분류 트리 및 대상의 원인 트리의 예시를 참고해 각자의 문제 분석에 능숙해지길 바란다.

명사의 분류 트리

생물을 분류해보자. 기준에 따라 분류 결과도 다양할 수 있다. 예컨대 생물을 '자연적' 기준으로 나누면 크게 동물과 식물로, 동물 항목을 다시 자연적 기준에 따라 세분화하면 척추 동물과 무척추 동물로 분류할 수 있다. '인위적' 기준에 따르면 애완용 동물, 목축용 동물, 야생 동물로 분류할 수 있다. 최대한 중복되지 않도록 분류하는 것이

〈명사 '생물'을 자연적 기준에 따라 분류했을 때〉

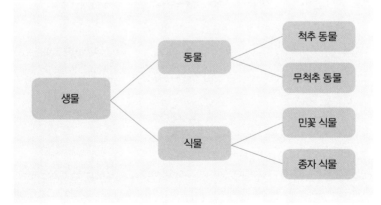

원칙이지만 실제 문제해결 상황에서는 중요 항목을 포함하면 별문제가 없기 때문에 꼭 부분의 합이 전체여야 할 필요는 없다.

대상의 원인 트리

서울에서 밀실 범죄가 발생했다. 피해자는 큰 상처를 입어 의식을 잃었고 목숨을 장담할 수 없는 상태이다. 신고자의 말에 따르면 아침에 기척이 없어 들어가 확인하려고 했으나 문이 안으로 잠겨 있었다고 한다. 상처는 전문가 소견으로는 망치와 같은 둔기에 의한 것이라고 하는데 방에서 발견되지는 않았다. 어떻게 이런 범죄가 가능할까?

〈밀실 범죄의 원인 트리〉

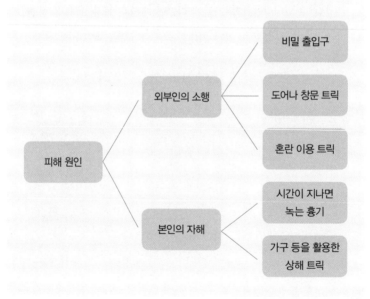

우선 모든 가능한 원인을 리스트업한 후 MECE 원칙에 맞게 배열한다. MECE 원칙이 지켜졌다면, 명탐정 셜록 홈즈가 한 명언에 동의할 수밖에 없을 것이다. '불가능한 것을 모두 제거했을 때 남아 있는 그것이 진실일 수밖에 없다. 그것이 아무리 아닐 것 같더라도 말이다.' 앞에 제시된 트리는 간단하지만 실제 유명 추리소설 속 밀실 범죄의 대부분을 아우른다.

종합

종합Synthesis은 분석에 대비되는 개념으로, 각 부분을 모아 상호관계와 전체로서의 의미를 해석하고 설명하는 것을 의미한다.

현상 타개형 문제의 경우 진짜 문제를 찾기 위해 현재의 불만족스러운 현상에 대한 원인 분석(현상을 설명할 수 있는 모든 잠재적 원인을 리스트업하고 검증하는 작업) → 실제 영향도가 있는 요인 파악 → 영향도 높은 요인의 원인 분석 순으로 해나가다 보면 진짜 문제가 드러난다. 이렇게 심층적으로 원인 분석한 결과를 종합해보면 현상을 만든 진짜 문제가 무엇인지 알 수 있다.

목표 추구형 문제의 경우 종합은 각 하부 과제를 해결한 뒤 하부 해결책 간 모순은 없는지, 하부 과제 해결책을 다 모으면 상위 과제가 해결되는지, 놓친 것은 없는지 등을 포괄적으로 점검하여 전체 해결책의 유효성을 확인하는 것이다.

결국 문제해결 과정은 분석과 종합을 반복하면서 최종 해결책을 만드는 과정이라 할 수 있다.

생각의 엔진: '분석–가설–검증–종합' 사이클

이제 우리는 현상 타개형 문제든 목적 추구형 문제든 올바른 문제해결은 문제를 제대로 정의하는 것을 포함해 문제해결력과 실행 가능성이 높은 해결책을 제시하는 것, 이를 실제로 잘 적용하는 것 모두를 의미한다는 것을 알았다. 또 문제 정의, 해결책 찾기, 실행과 성찰 각 단계에서 가설 지향적 어프로치와 분석 및 종합을 잘 활용하면 문제해결에 이르기까지 생산적으로 사고할 수 있다는 사실도 알았다. 다만 여기서 덧붙이고 싶은 중요한 사실은, 이 순서가 아래 그림

반복 순환하는 생각의 엔진

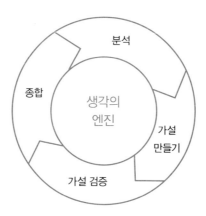

이 보여주는 것처럼 반복 순환한다는 것이다. 다음 6장부터 9장까지는 필자가 생각의 엔진이라고 명명한 이 프로세스를 가동하는 데 유용한 도구를 설명한다. (생각의 엔진을 활용한 문제해결 과정은 3부에서 자세히 다룬다.)

로직 트리 분석, 시스템 분석 외
문제해결에 자주 쓰이는 분석 방법

탐색적 분석

문제해결 활동 초기에 활동 목적과 관련된 데이터를 이리저리 분류하거나 데이터 간 관련성 내지 어떤 패턴이 있는지를 찾아보는 것으로, 쪼개서 본다는 분석의 의미에 충실한 분석법이라 할 수 있다.

어느 공장이 높은 결근율로 생산 차질을 겪고 있다고 가정해보자. 우선 전체 결근율을 부서별 결근율로 쪼개 보았다. 그 결과 모든 부서의 결근율이 높은 것은 아니었고 A, E 두 부서가 유달리 높았다. 이번엔 결근율을 월의 주간별로 쪼개 보았더니 마지막 주가 다소 높았다. 또 직원 연령대별로도 쪼개 보았더니 30대 결근율이 특히 높았다. 이처럼 여러 각도에서 쪼개어 살펴보니 한 가지 가설로 정보가 모아졌다. 'A, E 두 부서의 결근율이 높은 이유는, 업무 특성상 두 부서에 자녀를 둔 여성이 많은데 월말이면 자녀의 학교가 계획한 이런저런 행사에 엄마로서 참석해야 하기 때문이다.' 가설 검증을 위해 두 부서의 결근 사유를 분석했더니 사유 중 행사 참석의 비중이 과연 높았다.

부모로서 행사 참석은 합당하므로 회사는 월말 작업의 상당량을 월 초로 옮김으로써 문제를 해결했다. 특정 구간의 교통 정체를 해결하는 문제 또한 가장 먼저 시간대별·진입로별 정체의 정도, 시간대별 진입 자가용과 대중교통의 분포, 시간대별 다른 구간의 정체 정도, 시간대별 주변 다른 간선도로·고속도로의 정체 상황 등 여러 성격의 데이터를 수집해 탐색적 분석을 행할 수 있다.

보통은 단순 관찰로도 어떤 의미를 발견하는 경우가 많지만 통계적 기법을 알아두면 강력한 무기 하나를 더 구비한 셈이 된다. 탐색적 분석에는 샘플의 분포를 그대로 기술하는 기술 통계학Descriptive Statistics과 샘플로 모집단의 특성을 파악하는 유추적 통계학 Inference Statistics이 많이 활용된다. 특정 진입로의 시간대별 정체 시간은 여러 조건의 영향을 받아 매일 달라질 수 있다. 이를 정체 시간의 분포라고 할 때 며칠간의 샘플로 대푯값(보통 산술 평균을 쓰지만 중앙값 등도 쓰인다)과 분포 특성을 기술하는 것이 기술 통계학이다. 평균 정체 시간이 같아도 분포가 평균 부근에 집중된 경우와 넓게 분산된 경우(정체 시간이 매일, 아주 다르다) 해결의 방향성이 크게 달라질 수 있다. 유추적 통계학은 며칠간 이 구간에서 측정한 교통 정체 관련 샘플 데이터로 전체 교통 정체 상황 분포를 추정하는 방법론이다. 이처럼 한 종류 데이터의 분포를 보는 통계치 이외에도 복수 데이터 간 상관관계를 들여다보는 상관도 분석이나 복수 데이터 간 인과관계가 있다는 전제 하에 이 영향도가 어느 정도인지를 보는 회귀분석도 자주 사용되는 기법이다. 최근에는 빅데이터를 이용해 특별한 가설 없이 알고리즘이 스스로 패턴을 찾게 하는 기법도 많이 쓰이고 있다.

한 가지 주의할 것은, 상관도 분석이나 회귀분석을 사용한 결과 변수 간 인과관계가 있어 보인다 해서 그러한 인과관계가 실제로 있다고 단정해서는 안 된다는 것이다. 예컨대 야간 불꽃놀이 횟수와 놀이공원 입장객 수 사이의 상관관계가 커서 불꽃놀이 횟수를 두 배로 늘렸는데 입장객 수가 늘지 않았다. 알고 보니 불꽃놀이 횟수와 입장객 수가 늘어난 때는 대부분 공휴일이나 주말이었다. 다시 말해 불꽃놀이 횟수가 늘어서 입장객이 증가한 것이 아니고, 노는 날이라 불꽃놀이 횟수도 입장객도 많았던 것이다. 이처럼 인과관계의 유무는 특별한 통계 방법이나 과학적 실험 설계에 의해 별도로 검증해야 한다.

민감도 분석

결과에 영향을 미치는 요인이 하나 또는 여럿일 때 각 요인의 결과에 대한 영향도를 파악하기 위한 분석법이다. 초기에 세운 복수의 해결 가설 중 가장 가능성 높은 가설을 추가 조사할 때 많이 사용한다. 또한 문제를 더 작은 단위로 쪼개 각각에 대한 해결책을 검토한 뒤 전체 문제에 미치는 효과를 종합해야 할 때도 활용한다. 민감도 분석은 논리적인 분해의 틀에 맞춰 분석한 결과를 놓고 어떤 부분이 큰 영향력을 갖는지 판단한 후 왜 그런지 근본원인을 파악하는 유형의 분석법이다. 진짜 문제를 파악하거나 문제해결책을 만들 때 어디에 노력을 쏟아야 하는지 판단할 때 유익하다.

'출생률 저하의 영향 요인' 로직 트리

밑줄: 다른 나라와 비교 시 현저히 낮은 요인

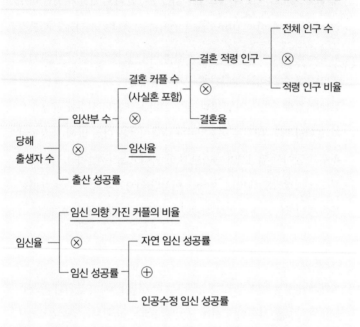

민감도 분석이 실재로 어떻게 적용되는지 가상의 사례를 통해 살펴보자. 출생자 수 감소에 영향을 끼치는 가장 큰 요인을 찾기 위해 위그림과 같이 '출생률 저하의 영향 요인' 로직 트리를 만들었다. 여건이 비슷한 다른 나라와 비교했을 때도 임신율과 결혼율이 현저히 낮았다. 다음 단계로 결혼한 커플의 임신율에 영향을 미치는 요인을 더 분해하여 임신 의향을 가진 커플 비율과 임신 성공률의 곱으로 쪼개 본다. 역시 다른 나라와 비교해 보니 임신율이 낮은 것은 임신 성공률이 낮아서가 아니라 임신 의향을 가진 커플의 비중이 너무 낮기 때문이라는 사실이 밝혀졌다. 그러면 다음 단계 분석은 결혼한 커플의 임신 의사가 왜 이렇게 낮은가에 대한 가설이다. 커플의 연령대별 임신 의향률, 맞벌이 여부별 임신 의향률, 직장유형별 임신 의향률 등 여러 기준으로 분석해보니 30대 맞벌이 커플의 임신 의향률이 결정적으로 낮았고 추후 설문과 심층인터뷰를 통해 경력 단절과 육아 시설 부족에 대한 현실적 우려가 가장 큰 원인이었던 것으로 드러났다.

이 가상 사례의 분석 결과를 종합하면 다음과 같다. '우리나라 출산 인구가 급격히 준 것은 인구 구조에 변화가 있어서라기보다는 결혼(출산) 적령기인 20~30대 전반의 결혼율이 급속히 낮아지고 결혼한 커플조차 임신 의향이 급격이 떨어진 데 있다.' 그리고 여기에 추가적인 설문과 심층인터뷰 내용을 분석하면 다음과 같은 구체적인 결론이 가능하다. '20~30대 결혼율이 낮아진 현상은 30대 후반 및 40대 초반의 결혼율 상승으로 가려지기 때문에 보기보다 심각하지 않을 수 있다. 다만 30대 후반 이후 결혼 커플의 임신 의향이 워낙 낮은 것이 큰 문제이다. 이는 경력 단절과 육아 시설 부족에 대한 우려 등에서 비롯된 것이다. 따라서 정부는 여성의 경력 단절을 예방하는 정책과 함께 직장생활을 하면서 육아를 할 수 있는 여건 마련에 재정과 사회적 공감대 형성 노력을 집중할 필요가 있다.'

실제 문제해결 상황에서 집중적으로 파헤칠 항목을 선택할 때 많이 활용되는 민감도 분석 중 하나가 갭 분석이다. 앞의 출산율 사례에서 다른 나라와의 비교를 통해 개선 가능성이 큰 항목을 찾을 때 적용했던 방법이 바로 갭 분석이다.

갭 분석의 다른 예를 들어 보자. 어느 회사가 A제품의 원가를 개선하고자 한다. 우선 A제품과 가격 경쟁력이 가장 큰 B제품의 원가 구조를 비교해 갭이 가장 큰 부분이 어디인지를 찾기로 한다. 그래서 다음의 그림처럼 원가 요인별로 두 제품을 비교해 절대적으로 차이가 큰 부분을 발견한다. 앞서 소개한 매출 민감도 분석과 마찬가지로 각 원가 요소에 대한 두 제품 간 차이를 계산한다. 예상과는 달리 관리비에서 큰 격차가 발생하고 있으므로 다음 단계에서는 이 항목에 집중하기로 한다. 벤치마킹을 고려할 때 이 수준까지 정량적 갭 분석을 할

자사 A제품과 경쟁사 B제품의 원가 갭 분석

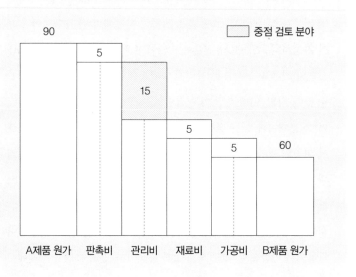

수 있으면 좋다.

해결 가설형 분석

해결책을 마련할 때 사용하는 분석법이다. 어느 회사가 모바일폰의 전력 소모를 대폭 줄이겠다는 목표를 세웠다고 해보자. 먼저, 제품 전체의 전력 소모를 실제적으로 전력을 소모하는 하위 부분으로 나누되 나눌 수 없는 수준에 이를 때까지 MECE 원칙에 맞게 분해한다. 모바일폰은 크게 CPU의 전산 처리, 각종 통신 모듈, 디스플레이, 카메라 등 주로 이 네 곳에서 전력을 소비한다. 그렇다면 가장 먼저 생각할 수 있는 해결안은 전력 소비 효율이 높은 부품으로 교체하는 것이다. 그 다음으로 소프트웨어를 통해 효율을 높일 수 있는 방법을 찾을 수 있다. 그리하여 각 하드웨어 시스템의 작동을 최적화하고, CPU의 전산 처리에 드는 전력 중 큰 부분을 차지하는 메인 반도체의 사용을 최소화하고 보조 반도체의 활용을 높이는 쪽으로 소프트웨어를 만든다. 다른 항목도 이런 식으로 접근해 해결 방향을 잡는다. 모두 분석해 놓고 보니 결국 각 서브 시스템의 전력 사용 효율을 높이는 것도 중요하지만 반도체의 실제 사용시간을 줄이는 것이 훨씬 효과적인 전력 절감 방법임이 밝혀졌다.(80쪽 그림 참조)

이 경우도 각 하부 과제에 대한 개선책을 모색하고 구체화하면서 개선책 간 충돌은 없는지, 각각의 효과를 하나로 합치면 목표한 개선 수준에 도달하는지 등을 종합하여 추가 활동 여부를 판단한다. 다시 말하지만 문제해결은 항상 분석과 종합의 과정이다.

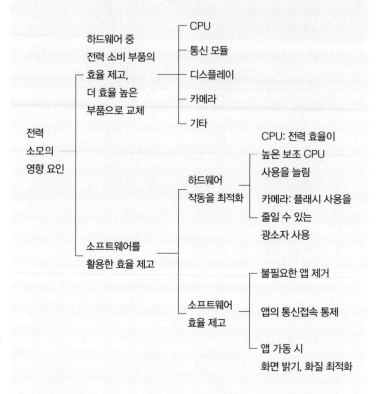

어느 회사의 모바일폰의 전력 소모 개선

전력
소모의
영향 요인

하드웨어 중
전력 소비 부품의
효율 제고,
더 효율 높은
부품으로 교체

- CPU
- 통신 모듈
- 디스플레이
- 카메라
- 기타

소프트웨어를
활용한 효율 제고

하드웨어
작동을 최적화

CPU: 전력 효율이
높은 보조 CPU
사용을 늘림
카메라: 플래시 사용을
줄일 수 있는
광소자 사용

소프트웨어
효율 제고

- 불필요한 앱 제거
- 앱의 통신접속 통제
- 앱 가동 시
화면 밝기, 화질 최적화

의사결정 분석

현 상황에서 다음 행동을 결정할 때 유익한 분석법이다. 게임이론에
등장하는 디시전 트리(decision tree, 일종의 로직 트리)를 만들어 놓고
의사결정을 해야 할 때 기작성된 디시전 트리에 제시된 대안들 중 어
떤 것을 선택해야 가장 합리적인지 판단하면 된다.

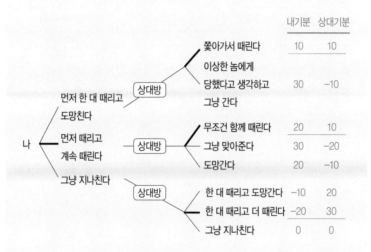

어두운 골목길에서 극도의 갈등 관계에 있는 사람과 마주쳤을 때

		내기분	상대기분
쫓아가서 때린다		10	10
이상한 놈에게 당했다고 생각하고 그냥 간다		30	−10
무조건 함께 때린다		20	10
그냥 맞아준다		30	−20
도망간다		20	−10
한 대 때리고 도망간다		−10	20
한 대 때리고 더 때린다		−20	30
그냥 지나친다		0	0

위 그림은 어두운 골목길에서 극도의 갈등 관계에 있는 사람을 만났을 때 어떻게 반응할 수 있는지를 보여주는 디시전 트리이다. 이 트리에 따르면, 내 쪽에서의 가장 합리적인 결정은 먼저 한 대 때린 후 반격할 틈을 주지 않고 계속 때리는 것이다. 상대방 입장에서는 한 대를 맞자마자 무조건 함께 때리는 것이 가장 합리적인 선택 안이다. 이러한 시나리오는 나도, 상대방도 모두 합리적이라는 가정 하에 논리적으로 판단하면 그렇다는 얘기이지, 현실에서 실제로 이렇게 전개되는 것은 아니다.

위 분석은 순차적 의사결정의 예이다. 순차적 의사결정은 내가 먼저 어떤 행동을 했을 때 상대가 취할 수 있는 행동의 가짓수를 전부 펼쳐

놓고, 최종 결과에 따라 상대의 선택과 나의 선택을 거꾸로 찾아가는 방법이다. '내가 먼저 때리고 도망치면' 상대방은 본인에게 유리한 '쫓아가서 때린다'를 선택할 것이다. 이처럼 나의 각 선택에 대해 상대는 굵은 줄로 표시된 선택안을 고를 것이다. 결과 점수를 비교해본 결과 최종적으로 나는 '먼저 때리고 계속 때린다'를 선택한다.(다음 6장의 내용 중 '게임이론 프레임'에서 관련 내용을 더 다룬다.)

6장 가설 만들기 도구

이번 장에서는 가설을 세우거나 기존 가설을 비판할 때 가장
많이 쓰는 도구인 '논리적 추론'과 '생각의 프레임'에 대해 자
세히 살펴본다. 또 가설을 만들 때 잘못된 방향으로 이끄는 생각의
편향을 소개하고 이를 다루는 방법을 모색해본다.

논리적 추론

논리적 추론은 우리가 현실을 이해하고 판단할 때 사용할 수 있는

강력한 도구이다. 어떤 주장에 대해 비판적으로 사고한다는 말은 주장이 어떤 논리적 추론에 기반했는지, 논리적 타당성과 일관성은 얼마나 갖췄는지를 가장 먼저 살펴본다는 것을 의미한다. 논리적 추론의 대표적인 방법으로는 연역적 추론, 귀납적 추론, 비유적 추론이 있다.

연역적 추론

우리는 알게 모르게 일상에서 쉽게 연역적 추론을 사용한다. 친구가 비싼 가격의 외국 A사 가전제품을 구매했다. 이유를 들어 보니 A사가 만든 이 명품 가전은 성능과 품질 면에서 뛰어나다는 것이다. 이 친구의 구매 논리를 형식을 갖춰 서술하면 다음과 같다. '해외 명품브랜드 가전제품은 가격은 비싸지만 성능과 품질 면에서 국산 제품보다 좋다. 그런데 A사 제품은 해외 명품브랜드이다. 따라서 내가 구매한 A사 제품의 성능과 품질은 국산 제품보다 좋을 것이다.' 이것은 전형적인 연역적 추론이다. '해외 명품브랜드 가전제품은 비싸지만 성능과 품질이 국산 제품보다 좋다'는 대전제에 내재된 보편 타당성을 근거로 A사 제품도 해외 명품브랜드를 달고 있으므로 성능과 품질이 좋을 것이라고 결론 내리고 있다.

연역적 추론의 단점은 지나친 일반화의 오류를 범할 수 있다는 것이다. 해외 명품브랜드라 하더라도 모든 해외 명품브랜드의 가격 대비 성능 및 품질이 같을 수는 없다. 그럼에도 해외 명품브랜드는 성능과 품질이 우수하다는 대전제는 모든 해외 명품브랜드를 '우수' 수준으로 일반화시키고 있다. 물론 명품브랜드 제품의 품질은 일반적으로 뛰어나고 제조회사도 브랜드 평판을 유지하기 위해 노력하지만 모든 명품브랜드 제품이 탁월하다고 단정지을 수는 없는 것이다. 최근 유명 자동차 브랜드의 주행 중 잦은 화재 사고가 이를 잘 보여준다. 이렇듯 연역적 추론에 바탕해 주장을 할 때는 대전제의 보편 타당성을 비판적 시각으로 검토해야 한다. 특히 고가품 내지 건강 관련 상품은 명품이라 할지라도 품질, 성능, 공인 인증 등 주 요인을 꼼꼼히 살펴봐야 한다.

사업적 판단을 내릴 때도 마찬가지다. 회사가 어떤 대전제 위에서 추론하느냐가 중요하다. 만약 '시장이 정체할 때는 1등 사업자 외에는 돈 벌기가 어렵다'를 대전제로 둔다면 다음과 같은 추론이 이어질 수밖에 없다. '그런데 지금 A사업의 시장이 정체하고 있다. 우리는 1등 사업자가 아니므로 A사업에서 돈 벌기는 힘들다.' 그러나 이러한 결론에 따라 사업을 접으려다가 A사업에 속한 한 분야를 특화하였더니 오히려 돈을 더 벌게 된 경우가 기업 세계에서는 드물지 않다. 만약 대전제를 '시장 전체가 정체하더라도 특정 분야에서 경쟁 우위를 점하고 있다면 돈을 벌 수 있다'로 상정했다면 결론은 달라졌을 것이다.

이처럼 대전제는 생각의 출발점이 되기도 하지만 언제나 보편성을 갖는 건 아니라는 사실을 기억해야 한다.

귀납적 추론

축적된 경험과 관찰 결과를 설명할 수 있는 일반적 명제를 만드는 추론법을 말한다. 예컨대 '인간은 먹어야 산다. 개도 먹어야 살고 소도 먹어야 산다. 그런데 인간, 개, 소는 모두 생물이다. 그러므로 생물은 먹어야 산다'와 같은 진술을 들 수 있다. 귀납적 추론의 약점은 예외적인 경우가 한 번이라도 생기면 논리가 무너진다는 것이다. 유럽에서는 하얀 백조만 관찰되었기 때문에 백조는 하얗다가 진리였다. 신대륙에서 검은 백조 무리를 발견하기 전까지는 부정할 수 없는 추론이었다. 그러나 검은 백조 한 마리가 나타나자 이 논리는 와르르 무너져 내렸다.

과학적 방법도 귀납적 추론의 한 형태라고 할 수 있다. 관찰을 통해 사물의 패턴을 인식하고 이를 바탕으로 인과관계나 상호관계에 대한 가설적 이론을 만들어 예측한 후 예측 결과와 실제 결과가 어긋나기 전까지는 가설을 잠정적으로 진리라고 인정한다는 것이 과학적 방법이기 때문이다.

한편, 안타까운 것은 실제 업무 현장에서 연역적 추론과 귀납적 추론이 진짜 문제를 파헤치는 데 또는 문제해결을 위한 새로운 아이디어를 발상하는 데 쓰이기보다는 자기 주장을 그럴 듯하게 포장하는 데 더 많이 활용된다는 사실이다. 조직의 리더뿐만 아니라 모든 구성원이 경계해야 할 일이다.

비유적 추론

두 개의 작은 틈을 통과한 빛이 후면 스크린에 밝고 어두운 점의 형태로 번갈아 나타나는 것을 보았다. 그 모양이 마치 두 개의 파도가 서로 간섭하여 봉우리와 골짜기를 높고 깊어지게 만드는 것처럼 보였다. 그래서 빛과 파도의 운동이 비슷하지 않을까 생각해 파장, 주기, 굴절과 같은 파도의 성질을 빛에 적용하여 보았더니 잘 맞아 떨어졌다. 이처럼 새로운 사물이 기존의 사물과 특정 면에서 유사하다는 점을 이용, 새로운 것을 기존 것의 특성에 빗대어 설명하는 식을 비유적 추론이라고 한다.

비유적 추론은 해결 아이디어를 찾는 과정에서 특히 많이 활용된다. 어떤 사람이 넷플릭스의 개인 맞춤화된 추천 프로그램을 유심히 살펴보다가 이것을 사업에 적용할 수 있는 아이디어를 생각해냈다. 이 사람은 기초 소재를 생산해서 수천 개 가공업체에 파는 B2B 업무를 담당하고 있었다. 그는 각각의 기업고객에게 그들 특성에 맞는 서비스를 맞춤 제공할 수 있는 플랫폼을 만들어 운영한다면 고객 만족도와 충성도를 높일 수 있으리라 생각했다. 또 고객의 신뢰도가 쌓이면 나중에는 회사가 직접 생산하지 않는 제품도 디지털 플랫폼을 통해 고객에게 공급할 수 있으리라 기대했다. 벤치마킹이나 리버스 엔지니어링(143쪽 참조)을 할 때도 비유적 추론을 적용하면 창의적인 해결책을 얻을 수 있다. 목표 추구형 문제해결에서 핵심 과제를 파악하거나 해결책을 디자인하는 것도 마찬가지이다.

생각의 프레임: 세상을 보는 렌즈

아는 만큼 보인다. 문제해결 영역에서도 그렇다. 지식이 있어야 눈에
보이는 현상을 이해할 수 있다는 말이다. 더욱이 자연 현상과 사회
현상이 복잡한 양상을 띨 때 지식은 필수적이다.

어떤 물리학자가 초에너지 입자 충돌기를 통해 양자역학 이론을

반양성자-양성자 충돌 모습

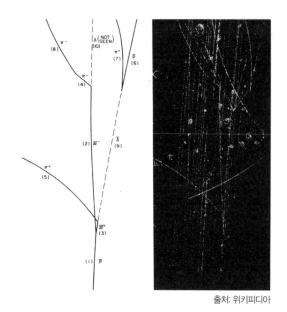

출처: 위키피디아

검증하고 있다. 그는 실험 결과를 발표하는 자리에서 '반양성자와 양성자가 충돌하면 이론대로 어떤 소립자들이 나왔다'는 발언과 함께 충돌 시 사진을 보여주었다. 앞에 있는 사진이 바로 그것인데, 수많은 궤적이 어지럽게 그려 있을 뿐 일반인으로서는 무슨 의미인지 아무리 봐도 알 수가 없다. 이론으로 무장한 훈련된 학자만이 사진을 해석할 수 있다.

사회 현상이나 경제 현상을 해석할 때도 마찬가지다. 어떤 이론적 틀이나 관점 없이는 아무리 오래 관찰한들 뭐가 뭔지 알 수 없고 혼란만 가중될 뿐이다. 프레임Frame은 현재 상황을 이해하도록 돕는 이론적 틀이나 관점을 일컫는 말이다. 세상을 보는 관점은 수도 없이 많다. 과학과 경제를 비롯해 역사, 철학, 인문, 사회 등 학교에서 배운 모든 학문 분야의 이론과 주장은 세상을 보는 나름의 관점을 체계적으로 정리한 것이다. 다시 말해 각 분야의 이론과 주장 자체가 세상을 보는 프레임이라는 얘기이다.

당연히 문제해결에도 프레임은 작용한다. 알다시피 현상 타개형 문제해결의 핵심은 현상을 만든 진짜 문제를 파악하고 근본적 원인을 제거하기 위한 해결법을 제시하는 것이었다. 그렇다면 가장 먼저 현상을 설명할 수 있어야 할 것이다. 어떻게? 현상의 작동원리에 대한 이론적 틀로! 이것이 바로 프레임이다. 그 후에야 현상을 만든 원인에 대한 가설을 만들 수 있다. 목표 추구형 문제해결에서 핵심 과제를 파악하거나 해결책을 만들 때도 마찬가지다.

문제해결 가설을 만들 때 가장 많이 활용되는 프레임으로 시스템 프레임, 게임이론 프레임, 매트릭스 분석 프레임이 있다. 기타 프레임으로는 3C 분석 프레임, SWOT 분석 프레임이 있다. 차례차례 살펴보자.

시스템 프레임

A사는 위스키 시장의 리더로서 안정된 매출과 수익을 누려왔지만 지난 2년 동안 매출과 수익이 급감하는 난처한 상황에서 고전하고 있다. 무엇이 어디에서 잘못됐는지 도무지 알 수가 없다. 광고도 꾸준히 집행했고 경쟁사의 영업전략에 재빠르게 대응책을 구사해 실제 위스키 시장에서의 자사 점유율을 높인 경험도 있었다. 왜 이런 일이 발생했을까? A사는 무엇을 놓쳤던 것일까?

결론부터 말하면, A사는 산업구조를 지나치게 좁게 보는 우를 범했다. 고객과 경쟁사의 움직임에 기민하게 대응했다고 하지만 사실 A사의 관심은 동종제품 경쟁자에 한정되어 있었다. 그들은 마땅히 보드카 같은 대체재의 진입도 의식했어야 했다. 뒤에서 '사회경제 시스템'을 다루면서 이해하겠지만 문제 중에는 이처럼 개별 대상을 포함해 시스템 전체를 놓고 생각해야 되는 경우가 상당히 많다.

그렇다면 시스템이란 무엇인가? 시스템은 여러 개체가 모였을 때

시스템의 구성

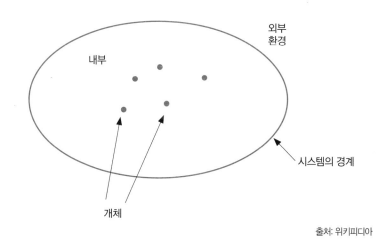

출처: 위키피디아

개체 간 상호작용으로 집단 전체가 유기적으로 기능하는 집단을 말한다. 시스템 개념은 삼라만상에 적용할 수 있다. 자연을 구성하는 요소를 손꼽아보자. 우선 항성과 항성을 둘러싼 행성, 소행성, 혜성으로 이루어진 항성 시스템(항성계), 또 여러 항성계를 거느린 은하 시스템, 각종 장기로 이루어진 인체 시스템이 있을 것이다. 인간이 만든 시스템도 생각해보자. 경제 시스템, 비즈니스 시스템, 보안 시스템, 영업 시스템, 컴퓨터 시스템, 통신 시스템, 무기 시스템… 예를 들자면 끝이 없다.

시스템은 크게 내부와 경계로 구성되어 있다. 내부는 개체가 있는 곳이고 경계는 시스템과 외부환경을 가르는 벽을 말한다. 앞의 그림은 이 내용을 그래픽화한 것이다. 이 외부환경과 에너지 및 정보, 물질이 서로 오갈 수 있으면 오픈 시스템, 오갈 수 없으면 닫힌 시스템이라고 한다. 보통 시스템 분석이라 하면 외부 충격이 시스템 내에 있는 개체와 시스템 전체에 어떤 순서로 어떤 영향을 주는지, 또는 시스템 내 한 개체의 행동이 다른 개체나 시스템 전체에 어떠한 영향을 주는지를 알아보는 것을 의미한다. 시스템은 구성요소 간 상호작용의 복잡성에 따라 단순 시스템과 복잡계 시스템으로 나누기도 한다. 단순 시스템은 구성요소 간 상호작용이 보기에는 복잡해 보여도 중앙집중적으로 통제가 가능하거나 비교적 단순해 예측 가능한 경우를 말한다. 복잡계 시스템은 구성요소 간 상호작용이 매우 복잡해 예측이 어려운 경우를 말한다. 복잡계 시스템은 뒤(99쪽)에서 따로 자세히 다룬다.

우리 주위에 있는 수많은 제품과 인공적 조직은 대부분 단순 시스템이다. 일례로 현대 필수품 스마트폰은 그 자체가 하나의 시스템이다. 스마트폰이라는 시스템을 구성하는 하위 시스템으로 통신 시스템, 연산처리CPU 시스템, 소프트웨어 오퍼레이팅 시스템, 화면 및 화면 정보처리 시스템 등이 있다. 바로 이들이 유기적으로 작동하기 때문에 우리는 이 발명품을 자유롭게 사용할 수 있다. 각 하위 시스템은 소프트웨어 오퍼레이팅 시스템에 의해 중앙 집중적으로 그 기능이 통제 및 조절된다.

회사는 또 어떤가? 사업이 원활하게 돌아가려면 여러 기능 시스템이 갖춰져야 한다. 생산 시스템, 구매 시스템, 제품개발 시스템, 영업 시스템, 경영관리 시스템 등이 대표적인 예가 될 것이다. 각 기능 시스템 또한 여러 하위 시스템을 거느리고 있다. 예를 들어 제품개발 시스템은 상품기획 시스템, 개발 관리 시스템, 품질 인증 시스템, 부품 인증 시스템 등을 포함하고 있다. 회사의 여러 기능 시스템은 경영관리 시스템에 의해 통합·조율된다.

사람이 만든 제품이나 서비스 혹은 조직의 성패는 전체 시스템을 잘 디자인했는지 여부가 결정적으로 좌우하는 경우가 많다. 부분이 아무리 좋아도 전체 시스템 디자인이 미흡하면 시스템 자체가 삐걱대기 마련이다. 이는 시스템이 가진 본래 성격이기도 하다.

뛰어난 시스템 디자인은 수많은 시행착오의 결과이다. 그래서 선진 기업일수록 좋은 시스템을 디자인하고 구현하기 위해 오랜 시간 온갖 아이디어를 실험하고 크고 작은 시행착오를 거듭하면서 노하우를 축적한다. 특히 혁신적인 제품이나 서비스를 만들거나 조직 내 업무 성과를 획기적으로 높이고자 할 때 시스템 (재)디자인이 유용할 때가 많다.

이어서 시스템 프레임으로 분류할 수 있는 네 가지 시스템을 소개한다. 산업 시스템, 거시경제 시스템 및 금융 시스템, 복잡계 시스템, 네트워크 시스템이 바로 그것이다.

산업 시스템

앞에서 본 위스키 회사가 처한 곤경으로 돌아가보자. 이 회사가 저지른 결정적 실수는 산업구조를 제대로 보지 못한 것이었다. 만약 본인 회사를 둘러싼 환경 전체를 하나의 산업 시스템으로 보고 시스템 내 각 구성요소 간 관계와 상호작용을 고려했다면 매출 부진의 늪에 빠지지 않았을 것이다.

사회경제 시스템 중 대표적인 것이 하버드대 경영대학원 교수인 마이클 포터의 '산업 시스템' 프레임이다.(마이클 포터 자신은 산업구조라는 표현을 썼지만 같은 의미이다.)

마이클 포터의 산업구조 5가지 세력

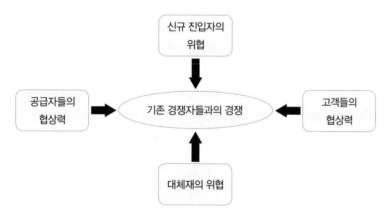

출처: 《마이클 포터의 경쟁전략》, 마이클 포터 저, 미래경제연구소 역, 프로제, 2018

산업구조 프레임과 진입장벽

산업구조 프레임이 주는 가장 큰 의미는, 지속적으로 평균 이상의 수익을 내려면 진입장벽을 세울 수 있어야 한다는 것이다.(필자는 진입장벽과 경쟁우위 요인을 같은 의미로 사용한다.) 상품 차별화 그 자체가 높은 수익을 보장하는 것은 아니다. 오히려 대부분의 산업에서 차별화 비용을 못 뽑는 경우가 많다. 차별화에 성공한다 해도 앞의 스카치 위스키 산업의 경우처럼 신규 경쟁자나 대체재가 있으면 고수익이 지속되기 어렵다. 차별화든 원가우위 선점이든 뭐든, 지속적으로 높은 수익을 올리려면 진입장벽을 세울 수 있어야 한다. 진입장벽으로는 우월한 생산기술, 자원에 대한 독점적 접근, 소비자 선호와 규모의 경제의 결합 등이 있을 수 있다. 이 중에서 우월한 생산기술, 자원 접근권은 비교적 약한 진입장벽이고, 소비자 선호와 규모의 경제의 결합은 가장 강한 진입장벽으로 현재 애플과 구글이 사용 중인 방법이다. 후발업체가 애플과 구글보다 혁신제품을 빨리 출시하는 식으로 그들의 아성에 도전해보지만 이길 수 없는 이유가 바로 여기에 있다. 즉 애플과 구글에 대한 소비자 충성도가 워낙 높은데다 높은 소비자 충성도에 기반 한 물량 규모가 상당하기 때문에 제품당 신제품 개발 및 광고비에서 큰 차이를 보일 수밖에 없어 결국 경쟁에서 밀리는 것이다. (참조:《경쟁 우위 전략》, 브루스 그린왈드·주드 칸 공저, 홍유숙 역, 처음북스, 2016)

그렇다면 스카치 위스키 업체의 경우 어떻게 진입장벽을 쳤어야 할까? 고급 보드카가 시장에 등장했을 때 바로 이에 대항하는 스카치 위스키 신제품을 선보임과 동시에 대대적인 판촉 활동을 벌여 소비자로 하여금 보드카 맛에 아예 길들여지지 않도록 하든지, 아니면 본인 회사의 강점, 이를테면 소비자의 입맛 충성도와 규모, 유통력 등을 활용해 기존의 진입장벽을 강화했어야 한다.

보통 사업성과를 높인다고 하면 '어떻게 하면 동종제품 경쟁사를 이길 수 있을까'를 맨 먼저 생각한다. 하지만 마이클 포터의 프레임에 따르면 당신의 사업은 기존 경쟁사와의 경쟁을 포함해 공급업자의 협상력, 대체재의 위협, 고객의 협상력, 신규업체의 진입 가능성으로 끊임없이 위협받고 있다. 일례로 스카치 위스키 사업을 생각해보자. 기존 경쟁사들은 자기네들이 모방하기 어려운 특별한 양조기술을 갖고 있어 신규 진입자의 위협 가능성이 희박하다고 판단해서 기존 경쟁자 간 피 말리는 가격 전쟁보다는 느슨하게 수익중심 경영을 해왔다. 그런데 스카치 위스키업계의 수익성이 좋은 것을 보고 누군가가 고품질의 보드카를 들여와 적극 홍보하여 성공적으로 매출을 키웠다. 프리미엄 주류 시장 전체의 규모는 커졌지만 스카치 위스키의 비중이 현저히 낮아져 위스키업체의 매출과 수익성이 크게 악화되는 결과를 낳았다. 이처럼 산업구조(산업 시스템) 프레임은 문제를 단순히 기존 경쟁자와의 관계에서 보던 관점을 넓혀 모든 사업 관계자와의 관계를 종합적으로 고려하게 한다. 따라서 기존 사업체나 신규 진입자 입장에서 사업전략 방향을 설정할 때 매우 유용하다.

거시경제 시스템 및 금융 시스템

사업전략 수립 시 도움되는 시스템 프레임을 꼽으라면 거시경제 시스템과 금융 시스템을 들 수 있다. 거시경제 시스템은 한 나라의 경제 전체를 해외와 상호작용하는 열린 시스템으로 보기 때문에 가계 소비와 기업의 투자, 정부 재정 지출, 가계 및 기업의 저축 규모 등을 파악할 때 큰 도움이 된다. 한마디로 경제 전체의 판을 읽는 데 유익

거시경제 시스템

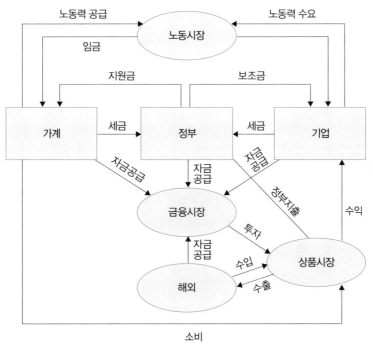

출처: 위키피디아

하다. 예컨대 해외 시장의 성장 둔화가 기업의 성장 둔화를 야기하고, 이로 인해 인력구조 조정이 일어나면서 노동시장의 공급초과로 이어지고 그 결과 임금이 저하되면서 가계소득이 줄고 이는 소비 감소로 나타나 기업의 투자가 줄고 이어서 금융시장에서의 기업자금 수요 감소를 부르면서 금리가 떨어지고… 이렇게 진행되는 연쇄적 영향 분석이 가능해진다. 거시경제 시스템의 하위 격인 금융 시스템은 시스템 내 예금자, 융자자, 투자자, 금융 당국, 해외투자자 같은 구성원 간의 상호작용을 살펴봄으로써 자금 흐름을 볼 수 있도록 도와준다. 평상 시 금융 시스템은 환율과 이자에 민감한 외환딜러나 금융기관 외에는 주목의 대상이 못 된다. 그러나 외환위기나 금융

업무노트

필자의 개인적 경험을 솔직히 얘기하면, 회사에서 일상의 경영 활동 시 거시경제 시스템이나 금융 시스템에 대한 깊은 이해가 필요한 경우는 별로 없었다. 하지만 회사의 중장기 전략 방향을 잡거나 개인적으로 금융·부동산 등에 투자할 때와 같이 잠재 리스크를 파악해야 하는 경우 이에 대한 지식은 큰 무기가 된다. 경제 및 금융 시스템 이해 수준이 의사결정에 결정적일 수 있다는 것이다.

전문가가 제시하는 경제·금융 전망만 믿어서는 위험하다. 그가 왜 그런 결론을 내렸는지를 비판적인 시각으로 검토해야 한다. 또한 향후

위기가 발생하면 금융 시스템의 존재를 인식할 수밖에 없다. 개인과 가계뿐만 아니라 기업과 국가 전체가 막대한 손실을 입기 때문이다. 금융 시스템의 기제를 알면 국가적 재난으로 커질 수 있는 위기에 선제적으로 대응할 수 있다.

복잡계 시스템과 네트워크 시스템

지금까지 소개했던 시스템들은 각각의 하위 시스템으로의 분해를 통해 시스템 내부 간 혹은 시스템 외부와의 상호작용을 분석할 수 있는 비교적 단순한 시스템이었다. 그러나 시스템 중에는 개체 간 상호작용이 너무 복잡해 전체로서의 작동을 통제하기는커녕 특징을

어떤 상황이 전개될지 나름 예상해보면서 리스크에 대한 감을 키워야 구체적인 대응책을 마련할 수 있다. 기준금리 예측만 하더라도 1~2% 차이는 사실 엄청난 것이다. 한국의 기준금리가 2~3년 뒤 3~4% 수준까지 오를지 아니면 거시경제 상황을 볼 때 2%대에 머물지, 아무 변동도 없을지에 대한 판단에 따라 회사는 물론 개인도 막대한 투자 이익 내지 손실을 입을 수 있다. 같은 조건을 놓고 분석하더라도 전문가마다 결론이 제각각인 현실을 보면 전문가 의견이라고 맹종해서는 안 된다는 것을 새삼 깨닫는다. 최종 판단은 본인의 몫이다.

이해하고 예측하는 것조차 난해한 시스템도 있다. 이를 가리켜 복잡계 시스템Complex System이라고 한다.

복잡계 시스템은 개체와 개체 간 상호작용이 가능함은 물론, 개체와 외부환경 간 상호작용도 가능한 시스템이다. 단순 시스템과 달리 복잡계 시스템은 각 개체가 온갖 자극을 받으면서 그 자극을 다른 개체와의 상호작용을 통해 주고받음으로써 복잡한 양상을 띠기 때문에 하위 시스템을 추출해내기가 어렵다. 전 지구적 기상, 살아 있는 유기체, 인간 두뇌, 전력망, 통신망, 도시 시스템, 살아 있는 세포 등 복잡계 시스템의 예는 무수히 많다.

복잡계 시스템의 정의조차 전문가마다 조금씩 다르지만, 통상 다음의 특징 중 하나 이상을 띤다면 복잡계 시스템으로 볼 수 있다.

비선형

일부 개체에 충격을 가했을 때 시스템 전체에 미치는 영향이 충격의 크기와 비례적이지 않다는 것을 말한다. 복잡계 시스템에서는 초기의 아주 작은 변화가 연쇄적으로 비선형nonlinear 변화를 일으켜 매우 큰 결과를 만든다. 나비효과(브라질에서 나비가 날갯짓을 하면 미국 텍사스에 강력한 허리케인이 들이닥친다) 같은 카오스 이론에 바탕을 둔 이 시스템은 기상 현상이나 전염병 전파, 유행의 파급 등을 설명할 때 많이 쓰인다. 인터넷으로 연결되는 요즘은 더더욱 SNS상의 작은 움직임이 카오스적 변화를 초래하는 경우가 많다.

자기 조직화

중앙의 통제나 외부의 개입 없이 개체 간 상호작용을 통해 자체적으로 질서를 만들어내는 것을 말한다. 자기 조직화self-organization는 조직이나 사회의 행동을 설명할 때 특히 유효하다. 예컨대 어떤 회사는 위에서 아무리 이노베이션을 외쳐도 완벽히 정리된 것, 해오던 것이 아니면 안 하는데 반해 어떤 회사는 특별한 역량이 없는데도 지속적으로 이노베이션이 일어나고 있다면 두 회사의 구성원들 간 암묵적인 행동 코드가 완전히 다를 수 있다. 후자의 회사 경우 개개인들이 자발적으로 협력할 뿐만 아니라 새로운 시도를 해보는 것을 지극히 당연한 것으로 생각하며 실제로도 그렇게 행동하고 있는 것이다.

이머전스

각 개체의 특성으로는 출현할 수 없는 전혀 새로운 행태와 질서가 등장하는 현상을 일컫는 말로 '창발emergence'이라고도 한다. 낱개의 세포가 모여 전혀 새로운 기능을 수행한다든지 기러기 떼가 다양한 군집 패턴으로 집단 비행하는 현상을 대표적 예로 들 수 있다.

적응

경험을 통해 배워가면서 스스로 변화하는 특성을 말한다. 예를 들면 주식시장이나 개미군집, 생태계, 두뇌, 면역계, 제조업, 정당 등이 적응adaptation 특성을 보인다.

피드백 루프

개체 간 작용이 일방적이지 않고 영향을 준 개체에게 결과가 되돌아오는 것을 말한다. 피드백 루프feedback loop는 바로 다음에 등장하는 '시스템 프레임의 활용' 단락에서 더 설명하기로 한다.

복잡계 시스템의 카오스적 특성은 특히 SNS 매체와 잘 어울린다. 작은 메시지 하나가 인터넷을 타고 전 세계로 순식간에 번지면서 허리케인 충격을 만들어내는 공간이 SNS이다. 방탄소년단BTS이 단기간에 세계 최정상에 올라선 것도 이러한 카오스 시스템을 잘 이용한 결과라 볼 수 있다. 기존 엔터테인먼트 업계의 관행에 따르지 않고 유튜브를 통해 팬들과 직접 소통한다는 작은 날갯짓이 빌보드차트 1위라는 대기록을 빚었다.

급진적 이노베이션을 활성화하고자 할 때 중앙에서 주도권을 휘두를 수도 있지만 개개인의 행동에 변화를 줌으로써 조직 전체의 변화를 도모할 수도 있다. 예를 들어 CEO가 직원 개개인에게 '급진적 이노베이션이 시간도 오래 걸리고 성공률도 낮지만 재직 중에 한두 개 정도는 실행에 옮겨보라'고 독려할 수도 있고, 개인업무 평가 시 그동안 추진했던 이노베이션의 결과를 반영할 수도 있다. 이러한 시도는 CEO에 대한 조직 구성원의 신뢰가 바탕이 되어야 함은 물론이고 이노베이션 시도가 회사뿐만 아니라 시도하는 본인 자신에게도 유익이 된다는 확신이 있어야 성공할 수 있다. 조직문화를 복잡계 시스템의 관점에서 보면 조직 내 개인이 어떤 룰에 따라 행동하는가를 알 수 있고 이노베이션의 향방도 짐작할 수 있다.

네트워크 시스템은 복잡계 시스템의 하나로 동일한 성격의 수많은 개체(노드)와 개체 간 상호작용으로 나타나는 시스템이다. 노드 수가 늘면 노드 사이의 상호작용도 기하급수적으로 늘어난다. '네트워크 효과'라는 말도 이런 의미를 내포한다. 네트워크와 연계된 어떤 제품이 있고, 추가 사용자가 생길 때마다 현재 이 제품을 사용 중인 사람이 혜택을 보는 경우가 이에 속한다. 대표적인 경우가 네트워크의 네트워크에 해당되는 인터넷이나 휴대전화 통신망이다. 페이스북이나 유튜브 같은 SNS도 마찬가지다. 네트워크 시스템을 이용하면 최적의 해법을 비교적 쉽게 찾을 수 있다. 컴퓨터를 통한 시뮬레이션 기법이 잘 알려져 있기 때문이다. 예를 들어 어느 도로의 특정 구간 정체 현상 문제를 푼다고 했을 때 도시의 전체 도로망을 하나의 네트워크로 보고 수학적 모델을 구축하여 어느 구간을 개선해야 효과가 클지 시뮬레이션을 통해 계산할 수 있는 것이다.

시스템 프레임의 활용

현상을 시스템 관점에서 볼지 아니면 개별 사항을 통해 볼지는 문제 해결 초기에 판단해야 한다. 개체 움직임이 단지 주변의 개체를 넘어 더 넓은 범위의 개체들과 상호작용하는 경우 시스템 프레임 적용을 고려한다. 예컨대 특정 구간의 교통정체는 해당 구간만이 아니라 넓은 범위의 주변 구간의 교통 흐름과 상호 영향을 주고받는 문제이기 때문에 네트워크 시스템을 적용할 수 있다. 또 조직 전체를 대상으로 이노베이션을 활성화하고자 할 때 카오스적 특성을 활용하는 것도 생각해볼 수 있다. 보통 이노베이션을 추진할 때 하부 몇몇 조직에서 자체적으로 기획해 실행하는 경우가 많은데 이는 조직 전체에 굉장한 규모의 이노베이션 자극제가 되곤 한다. 조직 행동의 변화도 이런 차원에서 들여다볼 수 있을 것이다.

시스템 내에서 벌어지는 일을 이해할 때 가장 많이 활용하는 개념이 '피드백 루프'이다. 조직을 디자인하든, 영업 정책을 세우든, 부

시스템 씽킹의 필요성: 인원 감축 계획에 따른 예상 결과와 실제 결과 비교

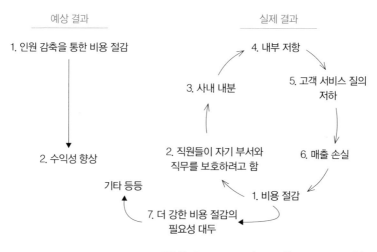

출처: Business prespectives.org의 open access article

부가 자녀 문제를 논의하든 그때 우리의 사고방식은 직선적이다. 하지만 직선적 사고가 예견한 결과와 실제 나타난 결과는 판이하게 다를 수 있다. 전혀 예상하지 않았던 다른 곳에서 반응이 나타나는 것이다. 예를 들어, 어느 회사가 인력을 감축하여 수익성을 개선하려고 한다고 해보자. 어떤 일이 벌어질까? 앞의 그림이 보여주듯이 부서별로 자기 자리를 지키는 데 온통 관심이 쏠리고 그 결과 조직 전체가 사내정치 싸움에 매달리게 된다. 그러다 보면 고객 서비스 질은 나빠지고 이는 매출 감소로 이어져 인원을 더 줄여야 하는 상황으로 치닫는다. 처음부터 감원 대상자에 대한 대책을 준비한다면 이러한 악순환을 막을 수 있을 것이다.

또 다른 사례를 살펴보자. 어느 기계회사가 매출을 늘리는 방법으로 제품 개발을 더 많이 하기로 결정했다. 이에 엔지니어를 추가 고용해 제품 개발에 박차를 가했다. 그런데 개발 인원을 더 늘렸음에도 제품 개발은 계속 지연되었고 그 결과 매출은 제자리를 맴돌았다. 왜 그런지 조사해보았더니 고참 엔지니어들이 업무 과부하에 걸려 신입 엔지니어를 교육시켜 실무에 투입하지 못했기 때문인 것으로 드러났다.

이처럼 어떤 목적을 가지고 시스템 내 조치를 취했는데 오히려 이 조치가 기대했던 반응을 방해하는 경우가 있다. 이를 제약요인 Limiting Factor이라고 한다. 이러한 제약요인을 처음부터 예상하여 해결책을 마련하고 있어야 원래의 의도를 달성할 수 있다.

게임이론 프레임

게임이론은 상대편이 있는 상황에서 어떻게 효과적으로 의사결정을 할 수 있는지를 보여주는 경제학 및 수학 이론이다. 내가 어떤 복적을 위해 어떤 행동을 할 때 상대도 나름의 목적을 갖고 어떤 행동을 취하는 상황을 가정해보자. 이때 나나 상대가 내리는 의사결정은 '상대편도 자신에게 가장 유리한 안을 선택할 것'이라는 전제 위에서 성립한 것이다. 원래 게임이론 자체는 수학에 바탕을 둔 학문 이론이지만 지금은 일반인도 일상의 평범한 결정부터 중대한 사업적 결정에 이르기까지 손쉽게 활용할 수 있을 정도로 대중화되어 있다.

게임은 동시적 게임과 순차적 게임으로 나뉜다. 우선 동시적 게임부터 살펴보자.

동시적 게임

게임 참가자들이 동시에 행동하거나, 동시에 행동하지 않더라도 후자가 전자의 선택을 모르고 행동하는 게임 양식을 말한다. 익히 알려진 죄수의 딜레마는 동시적 게임의 대표적인 예이다. 다음의 그림을 보면서 죄수의 딜레마란 어떤 상황인지 이해해보자. 죄수 A는 죄수 B가 자백을 하든 하지 않든 본인은 자백하는 편이 유리하다. 이처럼 어떤 경우에도 유리한 당사자의 선택을 우월 전략Dominant Strategy이라고 한다. 죄수 B에게도 죄수 A의 자백 여부에 상관없이

죄수의 딜레마

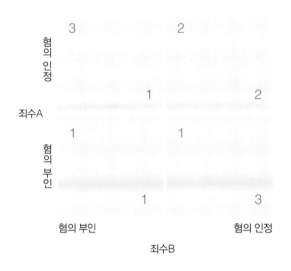

1: 최선의 결과
2: 중간 결과
3: 최악의 결과

본인은 자백하는 것이 우월 전략이 된다. 서로의 선택을 모르는 상태에서 둘 다 혐의를 부인하면 둘 다 좋은 결과를 얻을 수 있다.(왼쪽 하단) 그러나 서로의 선택을 모르는 상태에서 둘 다 자신의 우월 전략을 선택하면 둘 모두에게 최악은 아니지만 최선도 아닌 결과를 얻는다.(오른쪽 상단)

게임이론에서 둘 다에게 최선의 결과를 얻으려면 어떻게 해야 할까? 조사받기 전에 두 사람 사이에 자백하지 않겠다는 약속이 있으면 된다. 그런데 과연 상대를 신뢰할 수 있을까? 약속을 보장받기 위해 그들은 배신하면 보복하겠다는 위협과 함께 밖에 있는 동료가 자기 대신 보복할 것이라는 확실성을 상대에게 전달한다. 비즈니스 현장에서도 서로의 약속을 확증하기 위해 취하는 다양한 조치가 있다. 일례로 낯선 외국에 현지 파트너를 끼고 투자를 할 때, 특히 법제도가 선진국만큼 잘 작동하지 않는 곳이면 약속 이행이 의심스러운 경우가 많다. 그래서 계약서를 작성할 때 약속 위반 시 벌칙금은 제3자 안전거래 방식인 에스크로우 계정에 맡긴다는 조항을 넣기도 하고 비용 집행은 양측 대리인의 서명이 반드시 있어야 가능하다는 조건을 기입하기도 한다. 모두 상호 신뢰를 높이기 위한 장치들이다.

동시적 게임에서 각자가 우월 전략을 선택하지 않음으로써 윈윈의 상황을 만드는 조치를 '전략적 포석'이라고 한다. 전략적 포석은 경쟁사 간 출혈적 경쟁을 막아야 하거나 혹은 군비 축소 협상과 같이 결정적 조치를 취해야 하는 상황과 같이 상대도 나와 비슷한 처지일 때 유용한 선택이다.

순차적 게임

게임 참가자 중 후자가 전자의 행동 여부를 아는 반면, 전자는 후자가 어떤 행동을 취할지는 미리 알 수 없는 게임 방식을 순차적 게임이라고 한다. 순차적 게임도 실생활에서 자주 목격된다. 내가 경쟁사가 주도하는 시장에 신제품을 선보이면 상대는 가격을 파격 인하하여 내가 아예 발을 못 붙이게 할 수도 있고 반대로 가격전쟁을 피하려고 아무것도 안 할 수도 있다. 경쟁사가 어떤 대응을 하긴 하지만 나로서는 미리 알 수 없는 상황인 것이다. 내 입장에서는 상대가 어떤 대응도 하지 않을 경우 파격적인 가격 정책을 펴서 시장점유율을 급상승시킬 수도 있고 지금 상황에 만족하며 지켜보는 쪽을 선택할 수도 있다. 이처럼 순차적으로 일이 진행될 때 나와 경쟁자의 이익은 다음 그림과 같이 산정할 수 있다. 앞에서부터 순차적으로 가지치기를 해나간 후 후방을 살펴 최적 전략을 찾는 것이 최선이다. 그림에서 보면 나의 최적 전략은 상대방의 텃밭에 진출한 후 공격을 멈추고 현상 유지를 택하는 것이다.

순차적 게임의 예

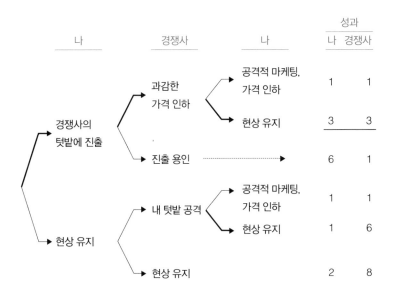

게임이론의 다섯 가지 요령

첫째, 다음 번에 펼쳐질 수를 예상하고 거꾸로 추론한다. 당신의 첫 결정 대안이 궁극적으로 어떤 결과로 나타날지 예상하고 이를 바탕으로 당신에게 가장 유리한 대안을 선택한다.

둘째, 대안 중에서 상대가 어떤 선택을 해도 내게 유리한 대안(우월 전략)이 있으면 무조건 그 안을 선택한다.

셋째, 두 당사자가 가진 대안 중에서 나의 우월 전략과, 내게 가장 유리하지 않은 상대의 모든 대안을 제거한다.

넷째, 세 번째 원칙의 연장선에 있는 전략인 바 양자 모두에게 가장 유리한 결과를 지닌 행동 대안을 찾는다. 이것이 유명한 내쉬 균형점이다. 즉 상대의 전략을 예상할 수 있는 조건에서 자신에게 유리한 최선의 선택을 하면 균형이 이뤄져 서로 자신의 선택을 바꿀 필요가 없는 상태에 이른다.

다섯째, 제로섬 게임에서 상대가 당신의 선택을 미리 알면 불리

업무노트 ─────────────────────────

현실에서 무의식적으로 게임이론을 적용할 때가 있다. 자사가 주도하는 시장에 경쟁자가 들어오지 못하게 하려고 상대에게 '당신이 내 시장에 들어오면 나도 당신 시장에 들어가겠다'고 엄포를 놓는 경우나 (순차적 게임), 서로가 상대에 대한 신뢰감이 낮아 계약 이행을 보증하

해지는 경우, 선택 대안을 무작위로 섞는다. 이런 경우 최악은 상대가 내 전략을 알아 물타기를 하거나 바로 뒤를 치는 것이다. 자신의 의도를 읽히지 않는 것이 중요하다.

매트릭스 분석 프레임

복수의 판단 요인이 혼재해 있어서 문제풀이가 복잡할 때 해결 방향의 실마리를 가로·세로축으로 놓고 선택안을 도출해보는 분석틀을 말한다. 상황을 심플하게 정리해준다는 장점이 있다. 2×2 매트릭스 분석 프레임을 잘 활용하려면 한 가지 사실을 기억하면 된다. 복잡하지만 쉬운 문제에 적용할 때는 문제의 정의에, 단순하지만 어려운 문제에 적용할 때는 문제 정의보다는 해결책 실행에 무게를 두어야 한다는 것이다.

기 위해 공신력 있는 제3자에게 보증금을 맡겨 이행 시 지불하게 하는 경우가(동시적 게임) 이에 해당된다. 게임이론 원리를 알면 협상이나 계약, 경쟁에서 서로 모두 이익이 되는 선택을 할 수 있다. 물론 공정거래법 위반 사항이 없는지 확인하는 것은 필수!

BCG 사업 포트폴리오 예

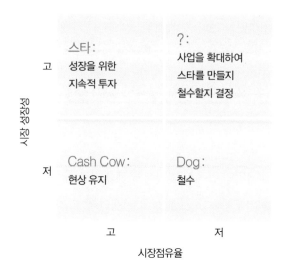

한때 세로축을 시장 성장성, 가로축을 시장점유율로 두고 사업의 현 상황과 전략 방향을 분류한 BCGBoston Consulting Group 사업 포트폴리오 매트릭스가 큰 인기를 끈 적이 있다. 현실을 지나치게 단순화했다는 지적이 있지만 사업 방향과 관련해 생각을 정리하는 데 도움이 된다.

강조하지만, 2×2 매트릭스 분석의 핵심은 문제해결의 시사점을 포함하는 판단요인을 가로·세로축으로 정해야 한다는 것이다.

기타 프레임

개별 기업에서 사용하는 기타 분석 프레임으로 3C 분석 프레임(3C: Customer, Competitor, Company), SWOT 분석 프레임(Strength, Weakness, Opportunity, Threat)이 있다. 두 프레임 모두 해당 회사와 주변 환경의 조건을 종합적으로 판단해 자사에 영향을 끼치는 가장 큰 요인을 찾아내고 전략 방향성을 판단하는 데 유용하다.

3C 분석 프레임

자사 내부만이 아니라 외부도 파악해 종합적으로 상황을 판단해야 할 때 자주 쓰이는 프레임이다. 3C 분석은 3C, 즉 고객Customer, 경쟁사Competitor, 당사Company를 표기한 공란을 그리고 항목에 해당되는 현상을 순서없이 쭉 적는 것으로 시작한다. 기록하다 보면 서로 연관된 일이 드러나는데, 여기서 좋은 아이디어를 떠올리는 경우가 많다. '고객' 취향이 이러이러한 방향으로 바뀌고 있는데, '경쟁사'는 역량이 우리와 비교하여 어떠하고, '우리 회사'는 상황이 이러함에도 불구하고 별다른 대응이 없다는 등의 내용을 해당란에 생각나는 대로 기술하다 보면 회사가 무엇을 해야 하는지 알게 되는 경우가 많다는 것이다. 보통 여기서 정리된 내용을 가설 삼아 현상 진단을 위한 여러 조사와 분석을 진행하며, 진행 결과를 놓고 3C 분석의 내용을 수정하는 단계를 거친다. 다음의 그림은 자동차용 전지 사업

고객(Customer)	경쟁사(Competitor)	당사(Company)
• 시장 정체로 자동차 회사 고객의 수익성이 급격히 악화 중: 솔루션 업체에 대한 통제를 줄이고 투자 의존도를 높임 • 모델을 단순화하고 공용화를 극대화 • 최종 소비자는 환경 및 연료의 경제성을 중시하는 방향으로 변화 중: 전기차에 대한 저항감 감소	• 중국 정부의 보조금 삭감으로 중국 경쟁사들 탈락 • 한국 경쟁사들은 적극 수주 경쟁 • 주요 경쟁사들이 재원 문제로 현지 생산에 투자를 쉽게 못 늘림	• 품질과 성능 면에서 최고 수준 • 석유화학의 경기가 유지되어 손익 부담이 덜한 편

에 대한 1차 3C 분석 내용을 정리한 것이다. 분석 결과, 현지 생산에 적극 투자함으로써 시장 지위 향상을 꾀하는 것이 가장 좋은 선택이라는 판단을 하게 되었다.

SWOT 분석 프레임

전략적 위협이나 방향성을 살펴볼 때 많이 사용되는 분석 프레임이다. 네모를 가로 세로 각각 두 개씩 총 네 칸으로 나누고 Strength, Weakness, Opportunity, Threat의 맨 앞자 S, W, O, T를 왼쪽 위에서부터 오른쪽으로 차례차례 각 칸에 하나씩 쓴다. 각 단어의 뜻에 맞게 회사의 강점과 약점, 기회 및 위협 요인을 생각나는 대로 적는다. 적다 보면 각 요인이 서로 결합하면서 뜻밖의 아이디어나 결론을 빚을 수 있다. 예를 들어 기회 요인으로 보았던 소비자 취향 변화가 역량과 경험이 부족한 자사에게는 오히려 위협으로 작용한다는 결론에 이를 수도 있는 것이다. 또 지금껏 약점으로만 보았던 느슨한 조직 문화가 지금처럼 변화가 빠른 시기에는 오히려 큰 강점으로 작용한다는 사실을 발견할 수도 있다. 다음의 그림은 어느 회사의 자동차용 배터리 사업을 SWOT 분석한 결과이다. 분석 결과, 앞의 3C 분석과 마찬가지로 자동차 제조사가 위치한 지역에 과감히 투자함으로써 시장 지위를 높이는 것이 최선의 선택임을 알 수 있었다.

어느 회사의 자동차용 배터리 사업 SWOT 분석

S	W
• 품질, 성능 면에서의 기술 우위 • 자금력 • 관련 계열사와 공조	• 자동차회사와의 관계가 비교적 단기 • 의사결정 시 지나치게 신중한 화학회사의 조직문화

O	T
• 배기가스 스캔들로 전기차에 대한 유럽차 메이커들의 관심 고조 • 북중 무역 마찰	• 미국 정부의 자국 배터리 산업 지원 가능성 • 중국 정부의 희토류 수출 규제

생각의 편향 다루기

회사 생활을 하는 동안 필자에게 가장 큰 어려움을 안겨준 일은, 스마트폰 사업의 책임자로서 모듈형 스마트폰 G5 출시를 실패한 일이었다. 당시는 선두업체인 애플, 삼성과의 격차가 워낙 큰 데다 중국업체의 추격까지 가세했던 때라 자사만의 차별화된 가치를 만들지 못하면 미래가 없던 시기였다. 그렇게 절실한 마음으로 구상한 제품 콘셉트가 '다양한 기능은 기본, 하드웨어 모듈과 접속하는 플랫폼으로서의 스마트폰'이었다. 결과는 어땠을까? 출시 이벤트에서 전 세계 언론의 찬사를 받았지만 사업적으로는 완전히 실패로 끝났다. 적기 생산에 실패한 것이다. 금속 케이스 가공이 처음이긴 했지만 지금껏 '어떻게든 해냈던' 경험을 바탕으로 여러 부서와 협력회사의 엄청난 노력이 투입됐음에도 분리형 케이스를 품질 기준에 맞춰 필요한 수량을 생산해 내지 못했다. 결국 필요한 물량 생산이 두 달 이상 지연되었고 그 결과 언론의 기대와 고객의 지지, 거래선의 신뢰도 다 잃고 말았다. 어느 정도 불확실성을 반영하여 사업 전략을 짰지만 보기 좋게 물거품이 되었고 일이 벌어진 후에 감당해야 하는 피해는 너무 컸다.

필자의 사례는 나름 풍부한 경험을 가진 리더도 자기 조직의 능력을 잘못 판단하여 큰 실수를 할 수 있음을 보여준다. 이런 경우는 드물게 발생할까? 그렇지 않다.

일상의 삶에서 내리는 결정은 직관적으로 행해진다. 가벼운 산행을 가려고 하는데 아침에 날씨가 우중충하고 낮에 비올 확률이 50%라고 한다면 확률 분포를 따져 가능한 선택안을 떠올린다. 예컨대 예정대로 간다 또는 일단 떠나보고 도착해서 다시 판단한다 혹은 실내 목적지로 변경한다 등이 있을 수 있다. 이런 일을 두고 깊게 고민하는 사람은 별로 없다. '비 좀 맞지 뭐'하며 강행하거나 비옷을 준비한 후 출발하거나 산행을 포기하거나 한다. 본인의 기질과 성격에 따라 직관적으로 판단하면 그만인 것이다.

하지만 이렇게 유용한 직관 능력은 현대의 복잡한 문제를 판단할 때는 부적절한 경우가 많다. 과거 생존에 큰 도움을 주던 도구가 오히려 판단 오류를 일으키는 원인으로 작용하는 것이다.

가장 대표적인 경우가 가용성 편향availability bias이다. 가용성 편향은 손쉽게 접하는 정보를 토대로 현상을 진단하고 사물을 판단하는 경향을 일컫는다. 예를 들면, 내가 사는 지역의 백조는 모두 흰색이니까 모든 백조는 당연히 희다고 생각하거나 특정 시기에 연구자 주변에서 포집한 미세먼지 성분이 중국 미세먼지와 비슷하니까 미세먼지의 발발지는 중국이라고 주장하는 경우가 여기에 속한다.

선거에 임박해서는 지지율 조사 결과 발표는 금지되어 있다. 이것은 상당히 합당한 근거가 있는 조치이다. 사람은 다수가 하는 대로 하려는 성향을 갖고 있기 때문이다. 이를 밴드웨건 효과bandwagon effect라고 한다. 직관과 같이 인간에 내제된 습성으로 인한 오류라고 할 수 있다. 또 인간의 사고 성향 중에는 확증 편향 confirmation bias도 있다. 자신의 믿음에 부합하는 정보는 받아들이고 모순되는 정보는 무시하는 경향을 말한다. 주변에서는 '빤한 사기'라고 하는데 당사자는 전혀 그렇게 생각하지 않는 경우가 여기에 해당된다. 앞서 소개한 필자의 경영실패 사례 또한 과거의 성공경험 때문에 자기 조직의 역량을 잘못 평가하는 확증 편향의 폐해를 잘 보여준다. 사람의 능력이나 역사적 사건의 중요성을 평가할 때는 최신 편향recency bias이 작동하기 쉽다. 최근의 경험과 정보를 중요하게 여기는 심리적 성향을 가리킨다. 가령 인쇄술이나 철도보다 인터넷이 영향력 면에서 월등하다고 생각하는 것이다.

과학적 연구라고 해도 객관성이 완벽히 담보된다고 할 수 없다. 데이터 분석이란 것도 결국은 가설을 검증하는 것이고 그 가설을 만드는 주체가 사람이기 때문이다. 그렇다면 어떻게 해야 될까? 인간의 직관이 불완전하다는 것을 깨달아 중요한 사안을 검토할 때는 데이터 확인을 통해 최대한 본인의 가설을 검증하고 예측과 결과의 차이를 겸손히 성찰하여 불일치를 만든 원인을 찾는 데 노력하는 수밖에 없다. 또 이런 태도를 습관으로 만드는 수밖에 없다. 참고로 나와 배경이나 성향이 다른 사람을 가까이 두고 의견을 묻는 것도 한 가지 방법이다. 그래서 일부 기업과 군 조직은 반대 의견을 제시하는 일을 임무로 하는 팀(레드팀)을 운영하기도 한다.

의사결정 관련 편향

- 앵커링 효과anchoring effect: 가장 먼저 받은 정보에 기반하여 나중 정보의 진위를 판단하는 경향. 물건을 팔 때 일단 가격을 높이 부르면 상대방도 그 가격을 기준 삼아 약간 낮춰서 가격을 부르는 경향이 있다.
- 가용성 편향: 자주 보고 들어 익숙한 것들을 일반화하여 생각하는 경향. 주변에 공부 잘해서 좋은 학교를 가고 좋은 직장에 다니는 사람이 많으면 세상이 다 그런 줄 안다.
- 밴드웨건 효과: 많은 사람이 믿으면 나도 믿으려는 경향
- 블라인드 스팟 편향blind-spot bias: 다른 사람은 모두 아는데 내 눈에는 잘못이 안 보이는 경향
- 선택안 지지 편향choice-supportive bias: 내 선택을 지지하는 정보만 들리는 경향. 그래서 일단 진영 논리에 빠지면 그 얘기만 들린다.
- 클러스터링 착각 편향clustering illusion bias: 무작위 데이터일 뿐인데 패턴을 보려는 경향
- 확증 편향: 내 생각을 지지하는 정보만 들리는 경향. 선택안 지지 편향과 유사하다.
- 타조 효과ostrich effect: 뻔히 예상되는 나쁜 결과를 안 보려는 경향. 내가 속한 조직을 누가 욕하면 버럭 화만 내고 듣지 않으려 한다.
- 결과 편향outcome bias: 결과가 좋으면 과정을 묻지 않는 경향
- 지나친 확신 편향overconfidence bias: 자기 역량에 지나친 확신을

가진 탓에 역량을 넘는 선택을 하는 경향. 사업을 잘하던 사람이 어느 날 망하는 데는 '이 정도까지는 벌려도 감당할 수 있겠지' 하는 마음도 한몫한다. 자금이나 품질 등 사업의 생사를 가를 수 있는 역량은 절대 보수적으로 봐야 한다.

- 플라시보 효과 편향placebo effect bias: 효과가 있다고 들으면 실제로는 효과가 없는데도 효과가 있다는 느낌을 받는 경향

- 이노베이션 친화 편향pro-innovation bias: 실제는 아닌데 이노베이션의 효과라고 믿고 싶은 경향

- 최신 편향: 최근 정보에 비중을 많이 두어 판단하는 경향. 최근에 일 잘한 부하가 가장 일 잘할 것 같은 착각을 한다.

- 보수주의 편향conservatism bias: 기존의 증거를 새로운 증거나 최근 알려진 사실보다 더 선호하는 경향

- 선택적 지각 편향selective perception bias: 자기 평소 생각과 맞는 것만 지각하는 경향

- 스테레오타이핑 편향stereotyping bias: 구체적인 정보도 없이 막연히 어떤 특징을 가진다고 기대하는 경향

- 생존 편향survivorship bias: 생존자의 특징에만 주목하는 경향. 창업 성공자만 언론에 나오다 보니 창업이 쉬운 줄 착각한다.

- 제로 리스크 편향zero-risk bias: 비생산적이라 할지라도 확실성을 선호하는 성향. 위험성을 제로(0)로 만들고자 있는 장점도 없애버린다.

출처: 위키피디아, 베인앤드컴퍼니

7장 가설 유효성 검증의 도구

가설에 기초해 근본원인을 찾고 해결책을 만든다는 말의 의미는 관련 요소들 사이의 인과관계를 가설적으로 상정하고 이를 바탕으로 해결책을 만든다는 뜻이다. 다시 말해 목표 달성에 영향을 끼치는 가장 큰 요인을 찾아 이 요인을 없애거나 요인의 성질 내지는 조건 등을 변화시켜 문제해결에 유리하게 작용하게끔 조치를 취하는 것이다.

가설로 설정한 인과관계가 맞는지 여부를 확인하는 또 다른 방법은 해결책 실행에 앞서 모델링이나 프로토타이핑을 시도함으로써 효과를 시험해 보는 것이다.

인과관계의 검증

상관관계가 있다고 반드시 인과관계가 성립되는 것은 아니다. 앞서 등장한 불꽃놀이와 방문객 수의 관계를 떠올려보자. 불꽃놀이를 했을 때 분명 방문객이 늘었다. 따라서 내일 불꽃놀이를 하면 방문객 수는 늘 것이라고 예상했다. 그래서 다음날 불꽃놀이를 했는데 방문객은 늘지 않았다. 자세히 살펴보니 방문객이 많은 날은 공통적으로 공휴일이었다. 공휴일이기 때문에 불꽃놀이 행사를 기획했고 공휴일이었기 때문에 방문객도 많았던 것이다. 외견상 불꽃놀이와 방문객 수 사이의 상관도는 높았지만 인과관계가 있었던 것은 아니었다. 이처럼 제대로 된 해결책을 만들려면 가설적 원인이 결과에 영향을 미치는 진짜 요인인지 확실히 점검해야 한다. 결과가 긍정적이라 해도 진정 해결책 실행으로 인한 것인지 확인해야 한다. 인과관계를 확인할 수 있는 몇 가지 방법을 소개한다.

통계적 검증

통계적 검증은 귀무가설Null Hypothesis(진실일 확률이 극히 낮아 폐기될 것이 예견되는 가설) 반증법이다. 예를 통해 알아보자. '연령대가 높을수록 소득 대비 소비 비율이 낮아진다'라는 가설적 주장이 있다 하자. 이 가설적 주장에 대한 귀무가설은 '연령대와 상관없이 소비 비율은 일정하다'이다. 통계적 검증은 귀무가설을 통해 원래의 가설을 검증하는 것이다. 왜 처음부터 원래 검증을 확인하지 않고 귀찮게 귀무가설을 만들어 이를 반증하는 방법을 사용할까? '정규분포' 같은 통계적 도구를 사용하기 위해서다. 연령대와 상관없이 소비 비율이 일정하다면 그 소비 비율 차이는 제로를 중심값으로 하는 정규분포를 따를 것이기 때문이다.

어느 50~60대 인구집단의 소비성향이 30~40대보다 실제로 낮은지 확인하기 위해 각각 100명씩 샘플을 무작위로 뽑아 소비성향을 조사한 후 평균치 간의 차이가 어떤지를 보았다. 그 결과 과연 50대의 소비성향이 더 낮았다. 귀무가설에 따르면 샘플은 정규분포를 보이기 때문에 소비율 차이는 95% 확률로 어떤 일정 범위 내 있어야 한다는 논리가 나온다. 샘플에서 보이는 차이가 이 범위를 넘으면 귀무가설이 틀린 것이 된다(반증된다). 이럴 때 보통 '통산 세대 간 소비율 차이가 통계적으로 의미가 있다' 혹은 '95% 유의성으로 차이가 있다'는 표현을 쓴다. 95% 유의성이라는 말의 의미는 실제로는 50~60대의 소비성향이 30~40대와 별 차이가 없는데도 확률분포에 의해 샘플에서 그런 차이가 나왔을 가능성이 5%라는 것이다. 이처럼 실제 차이가 없는데 지금처럼 차이가 있는 것처럼 판정할 확률을 긍정 오류False Positive Error라고 한다. 반대로 실제로는 차이가 있는데 차이가 없는 것처럼 판정할 확률을 부정 오류False Negative Error라고 한다.

시험 중인 약의 치료 효과에 대한 귀무가설은 '효과가 없다'이다.

과거 경험으로 볼 때 효과가 없는 경우에도 확률분포에 따라 95% 유의성으로 치료율이 20%까지 개선되고는 했다. 따라서 20% 이상 치료율이 높아져야 이 약이 효과가 있다고 판정한다. 환자 500명 대상으로 약을 썼더니 평균 치료율이 15%였고, 따라서 이 약은 효과가 없다고 판정했다. 이 경우 실제로는 효과가 있는데 효과가 없다고 판정 내렸을 가능성도 있다. 즉 부정 오류인데 이 경우 5%라고 할 수 있다.

상관도나 회귀분석의 결과는 변수 간 영향도가 커 보인다는 것뿐이지, 실제 인과관계도 그런지 어떤지는 말해주지 않는다. 두 변수 모두 제3의 요인으로부터 영향을 받거나 확률분포 때문에 그렇게 보일 수 있기 때문이다. 변수 간 인과관계 여부를 알고 싶으면 위와 같이 귀무가설 반증을 통한 통계적 검증을 반드시 거쳐야 한다.

현실에서 중요한 것은 어떤 판단에 대해 긍정 오류나 부정 오류의 가능성이 있다는 사실을 인식하는 것이다. 정말 중요한 판단이라면 판단의 진실 여부를 알 수 있는 수단과 그에 따른 대책을 준비해 놓아야 한다.

과학적 실험설계

과학적 실험설계는 기존 데이터가 빈약한 경우 변수들 사이의 인과관계 여부를 확인하는 데 사용한다. 예를 들어, 심장 마사지가 환자의 심장 건강에 미치는 영향을 알고 싶다고 하자. 우선 모집단에서 실험군과 대조군 대상자를 무작위로 표출해 실험군 대상자에게 심장 마사지를 행한 후 실험군과 대조군의 대상자를 사후조사한다. 만일 심장 관련 여러 건강지표에 통계적으로 유의미한 차이가 있다면 심장 마사지는 심장의 건강 상태 개선에 효과가 있다고 판단한다. 이러한 실험설계 방식을 무작위 대조군 사전-사후 설계라고 하며 이는 가장 이상적인 실험설계 방식으로 꼽힌다.

무작위 대조군 사전-사후 설계를 포함해 모든 실험설계 방식은 공통적으로 다음의 조건을 충족시켜야 한다. 첫째, 변수의 조작(독립변수인 실험군 대상자에 대한 심장 마사지)이 있어야 한다. 둘째, 외생변수의 통제(독립변수인 연구자의 심장 마사지 처치만이 종속변수인 심장 건강 관련 지표에 영향을 줄 수 있도록 함)가 설계되어야 하며 셋째, 실험 대상의 무작위화(전체 집단에서 각 대상들이 실험 대상으로 뽑힐 확률이 동일하도록 함)가 이뤄져야 한다.

앞서 나온 모바일폰의 전력 소모를 줄이는 문제에 이 세 가지 조건을 적용해보자. 'CPU 작동 시 전력 소모가 큰 메인 반도체 사용은 최소화하고 보조 반도체 활용을 높이는 소프트웨어를 개발한다'를 해결책 가설로 세웠다면 이 가설이 정말 유효한지 검증하려면 어떤 실험을 설계해야 할까? 다른 조건은 그대로 두고 보조 반도체 활용을 아주 낮은 수준부터 아주 높은 수준까지 단계별로 나누어 적용한 소프트웨어 버전을 돌려봄으로써 단계별 전력 소모 정도를 확인하고 부작용 여부를 판별하면 된다.

관찰을 통한 검증

실험을 통해 결과를 재현할 수 있다면 이상적인 경우에 해당된다. 그러나 현상을 설명하는 원인 사건 중에는 역사적으로 단 한 번만 일어난 경우도 있다. 예컨대 우주가 140억 년 전 무에서 단번에 생겨났고 초기에 급속한 팽창 과정을 거쳐 지금의 모습이 되었다고 주장하는 빅뱅 이론은 실험이 불가능한 경우이다. 다시 말해 빅뱅 이론은 실험을 통해서는 검증될 수 없다. 이런 경우 어떻게 검증할 수 있을까? 이론적 설명이 맞다면 나타나리라 예측되는 현상이 실제 현실에서 나타나는지를 확인하면 된다. 빅뱅 이론은 '초기에 우주가 급팽창한 결과 우주의 모든 방향에 거의 비슷한 수준의 열 복사가 존재할 것'이라고 예측했는데, 후에 실제 사실로 밝혀짐으로써 단순 이론에서 정설로 올라섰다.

아인슈타인의 상대성이론도 이론대로라면 질량이 큰 물체 주변의 시공간이 휠 것이고 이곳을 지나는 빛도 따라서 휘어야 한다. 이 예측은 개기일식 기간 중 태양 주변을 지나는 별빛의 휨 현상이 관찰을 통해 사실로 확인됨으로써 진실로 인정받게 되었다.

이러한 검증 방식은 빅데이터를 활용한 AI 개발 등 다양한 사업 영역에 사용되고 있다. 예를 들어 개 사진을 보고 개로 인식할 수 있는 AI를 개발한다고 해보자. 기계가 개를 개로 식별하는 일은 쉽지 않다. 개라도 갖가지 품종으로 나뉘고 같은 품종이라도 나이, 털 색깔, 털 길이 등 수많은 차이를 지닌 채 제각각 존재한다. AI가 이러한 차이들 가운데 개라는 생명체의 공통적인 무언가를 포착해 개로 인식하려면 어마어마한 수의 개의 사진 데이터가 필요하다. 보통 모아진 데이터는 무작위로 둘로 나누어 일부는 AI를 훈련하는 데 사용하고 나머지는 AI의 유효성을 테스트하는 데 사용하는데, 이는 결국 AI가 한 예측(개다, 개가 아니다)과 실제 결과가 일치하는지에 따라 유효성을 검증하는 방식이다.

통계 자료가 없거나 통제 실험이 불가능한 사회 현상에 대한 이론 또한 이론에 따른 예측과 현실을 관찰한 결과와의 일치 여부를 살펴봄으로써 타당성 검증이 이뤄지곤 한다.

해결 가설에 대한 유효성 검증

모델링 및 시뮬레이션

시스템을 활용한 분석의 결정체는 모델링이다. 모델링modeling은 관찰을 통해 규칙적 패턴을 설명하는 이론을 수학 형식으로 표현하는 것을 말한다. 수학 모델, 경제 모델 같은 말이 내포하듯 모델model은 모방imitation의 의미도 담고 있는 바 현실의 어떤 실상을 보여주는 것으로, 통상 여러 변수들 간의 관계를 표시하는 수학함수의 세트로 표현된다. 시스템 내외부의 여러 변숫값을 변화시키면 시스템 전체의 행동 특성 또는 시스템 내 다른 변숫값에 변화가 나타난다. 모델의 유효성 검증은 데이터 집단을 두 집단으로 나누어 한 집단은 모델을 구성하는 함수를 측정하는 데 활용하고 나머지 집단은 모델에 의한 예측치와 실제 데이터 수치를 비교하는 데 활용함으로써 가능하다. 검증된 모델을 활용하면 여러 환경요인의 변화가 사업에 미치는 영향을 추정할 수 있고 해결책들의 효과를 비교할 수도 있다.

프로토타입을 활용한 시장성 및 기술타당성 검증

세상에 없는 획기적인 제품 아이디어가 있는데 시장에서 통할지 어떨지 어떻게 알 수 있을까? 또는 기존 상품·서비스 원가를 비약적으로 낮출 수 있는 아이디어의 가능성은 어떻게 검증할 수 있을까? 사실 어떤 아이디어도 말로 완벽히 전달하기는 힘들다. 아무리 정교하게 시장조사를 하고 철저히 원가 계산을 해도 고객과 시장의 반응을 온전히 알 수는 없다. 아이디어를 눈으로 확인시켜주는 것만큼 확실한 테스트는 없다. 특히 세상에 없는 제품이라면 완성도는 다소 떨어지더라도 '아이디어 핵심을 담은 프로토타입MVP: Minimum Viable Product'을 빨리 만들어 잠재고객으로 하여금 직접 만지고 사용해보게 함으로써 구매의향을 확인하고 기술적으로 구현 가능한지 검증해보는 것이 더더욱 중요하다. 프로토타입은 세상에 없던 제품을 실물로 경험하게 함으로써 시장성 검증의 정확도를 높인다. 그래서 어떤 디지털 제품의 경우 극심한 출시 경쟁 틈바구니에서 살아남고자 아예 프로토타입을 시장에 가지고 나가 직접 고객 평가를 받는다. 새로운 생산 방식 내지 서비스 플랫폼 방식을 선보일 때도 마찬가지다. 아이디어를 실현한 프로토타입 생산라인이나 플랫폼을 실제 만들어 개선해가는 방식이 효과적이다.

프로토타입을 능숙하게 활용하는 능력은 한국 기업과 조직이 갖춰야 할 핵심 역량 중 하나다. 우리가 익히 잘 알고 있는 검증 도구(설문, 인터뷰, 컨조인트 테스트, 블라인드 테스트, 포커스 그룹 인터뷰 등)는 말로 설명해도 이해할 수 있는 기존의 것에는 효과가 있지만 세상에 없는 새로운 것과는 잘 맞지 않는다. 그런 도구로는 완전히 새로운 어떤 것에 대한 사용 의사, 구매 의사를 확인하기가 어렵다.

세상에 처음 선보이는 제품은 사용자로 하여금 실제 작동하는 프로토타입을 체험하게 함으로써 반응을 살피고 그 결과를 통해 완성도를 높여가는 식이 가장 효과적이다. 그런데 한국의 조직문화는 이런 방식에 익숙하지 않다. 이미 누군가가 풀어놓은 정답을 찾는 일은 잘하지만 실험과 시행착오를 통해 새로운 길을 만드는 데는 미숙하다. 그러나 지금은 창의적 문제해결이 어느 때보다 중요한 시대이다.

문제해결과 디지털 리터러시

엄청난 양의 빅데이터를 수집하고 처리할 수 있는 컴퓨팅 기술의 사용료가 낮아짐에 따라 이를 탑재한 스마트폰과 각종 디지털 디바이스의 사용 분야도 점점 더 넓어지고 있다. 개인 생활뿐만 아니라 비즈니스 업무에서도 디지털 기기는 필수품으로 자리잡았다. 이제 어떤 일을 맡든 데이터 분석과 디지털 기술에 대한 상당한 지식과 이해 없이는 업무 수행이 어렵다. 디지털 기술과 데이터를 활용해 우리는 무엇을 할 수 있을까? 세상에서 디지털 기술과 데이터가 어떻게 사용되는지 잠시 살펴보자.

- **취향 저격** 이북 리더기 '킨들' 사용자라면 본인이 좋아할 만한 책을 추천받고 있을 것이다. 킨들은 나의 과거 구매와 브라우징 이력 데이터를 통해 내가 구매한 책을 산 다른 사람들의 도서 구매 리스트를 알려준다. 최근 이 수준도 넘어섰다. 내가 책 넘기는 속도를 기억했다가 평소보다 빠르게 읽은 책이 발견되면 장르와 작가 등 다양한 조건을 조합해 취향에 맞을 것으로 보이는 연관 도서를 추천하는 단계에 이르렀다. 또한 내가 반응을 보일만 한 이벤트 프로모션도 찾아준다. 과거 나의 프로모션 반응 이력과 특정 프로모션 반응 간 상관도, 개인 프로필과 각종 프로모션 반응 간 상관도 등을 다각도로 계산해 맞춤형 추천을 한다.

- **진심 읽기** 보통 제품만족도 조사는 형식에 그치는 경우가 많았다. 불만족스럽더라도 고객은 싫은 소리를 하기 싫어 에둘러 표현하곤 했고, 1점에서 5점까지 매겨진 점수표는 복잡미묘한 감정차를 담아내지 못했다. 그러나 디지털 기술이 고객의 정량적 반응과 정성적 반응 모두 포착함으로써 제품만족도에 대한 심층적 분석

이 가능해졌다. 구매 후 설문으로 응답한 정량적인 만족도 평가와 함께 댓글 속 의미 있는 어휘의 빈도 분석 등을 통해 정성적 반응을 정량화해 평가함으로써 고객의 마음을 다면적으로 이해하고 있다.

- **재고 파악** 날씨, 요일, 판촉기간, 가격, 공휴일 또는 방학 여부, 계절성 등 여러 요소와 최종 소비자 판매의 상관관계를 분석하여 전체 적정 재고량뿐만 아니라 지역별, 도소매점별 파악이 모두 가능하다.

- **콘셉트 개발** SNS나 여타 인터넷상의 기사, 댓글 속 어휘를 분석해 특정 단어의 사용 빈도, 단어 간 상관관계 등을 파악하고 패턴을 찾아 상품·서비스 콘셉트로 활용한다.

- **아이디어 검증** 각각의 고객이 가진 니즈와 특성에 따른 맞춤형 가격 제시뿐만 아니라 개별적 광고 및 판촉 활동이 가능하다 보니 괜찮다 싶은 아이디어가 있으면 효과 검증을 위해 실험군, 대조군을 설정하여 과학적으로 쉽게 검증할 수 있다.

- **실시간 관리** 품질에 문제가 발생하면 생산 공정에 설치된 다양한 센서를 이용하여 패턴을 파악하고 인지된 패턴은 사전 품질 관리에 활용한다. GE가 기판매한 발전 장비나 항공기 제트 엔진에 대해 실시간 모니터링이 가능하고 예방 정비를 할 수 있는 것도 이런 시스템 가동이 가능하기 때문이다.

LG인화원에서 디지털 리터러시 교육과 관련해 이런저런 시도를 해보고 내린 결론은, 디지털 비전문가가 자기 업무에 디지털 지식을 활용하는 수준이 되려면 디지털 기술 및 데이터 분석에 대한 이론 공부와 소프트웨어 설계 실습에 최소 100시간은 들여야 한다는 것이다. 하루이틀 세미나에 참가해서 될 일이 아니라는 말이다.

디지털 세계의 기본적인 이해를 위해서는 크게 디지털 기술 파트와 데이터 분석 파트로 나눠 공부하는 것이 좋다. 우선 디지털 기술 파트는 딥러닝과 블록체인, 빅데이터 처리 관련 이론을 학습한 후 간단한 프로그램을 스스로 설계할 수 있는 단계를 목표로 한다. 데이터 분석 파트는 통계학 기초 지식을 쌓은 후 R이나 파이선을 활용하여 다양한 분석을 프로그램하고 결과를 해석하는 수준에 도달하는 것을 목표로 한다. 이렇게 하는 데 각각 50시간 정도 소요된다. 한국 기업에서 연구개발 포함 사무직 전체 임직원이 디지털 혁명에 본격적으로 참여하려면 이 정도의 교육은 반드시 필요하다. 미국과 중국이 움직이는 속도를 생각하면 그것도 되도록 빨리 실시해야 한다. 그러나 기업 혼자의 힘으로 이러한 디지털 리터러시 교육을 전 직원 대상으로 100시간을 투자하기란 결코 쉽지 않다. 리딩 기업이라 해 봐야 임직원에게 기껏 2~3일 일정의 교육을 통해 세상 변화를 읽어주거나, 아니면 회사에 '꼭 필요하다고 생각되는' 인력에 한해 이런 교육 기회를 제공할 뿐이다. 따라서 이 일에는 기업과 대학, 정부, 경우에 따라서는 사설 교육기관도 나서야 한다. 예컨대 직원 개인이 자발적으로 선택하는 교육에 한해 주40시간(최대 52시간) 근무 기준 적용을 예외로 해준다거나 교육훈련 비용을 세금 공제해 줌으로써 회사가 적극 디지털 교육에 나서도록 할 수 있을 것이다. 근로복지 혜택을 못 받는 회사원이나 취업 준비생에게는 개인적으로 교육받을 수 있도록 정부가 일정 부분 교육비를 지원하는 방법도 있다.

8장 창의적 가설 발상의 도구

창의적 발상이란 어떤 발상일까? 사회와 세계를 전혀 새로운 방식으로 이해하는 것일 수도 있고, 사람의 마음을 새로운 각도에서 보는 것일 수도 있다. 또 전에 없던 표현 기법을 선보인 예술이나 디자인일 수도 있다. 새로운 상품이나 서비스 콘셉트를 개발하고 이를 현실화하는 힘도 창의적 발상에서 비롯된 것이다.

아인슈타인의 상대성원리는 시간과 공간은 절대적이고 물리 현상은 그 절대적인 시공간에서 일어난다고 보았던 기존의 뉴턴 관점을 완전히 뒤집었다. 20세기부터 시작된 양자역학의 혁명은 물질의 근본이 무엇인지에 대한 우리의 이해에 커다란 충격을 주었다. 최근

뇌과학의 발전은 과거 심리적 현상이라고 보았던 감정의 문제 또한 뇌에서 일어나는 전기화학적 반응으로 상당 부분 환원될 수 있음을 보여준다. 역사적 발견과 발명 중에는 상대성원리처럼 한 사람의 창의적 발상에서 비롯된 것도 있지만 많은 경우 수많은 사람의 집단적 사고와 노력의 결과물이다. 이른바 스마트폰과 인터넷 혁명이 여기에 속한다. 불과 10년 전만 해도 상상 너머에 있던 초연결 사회를 우리 눈앞에 펼쳐준 금세기 두 발명품에는 많은 사람의 땀과 열정이 녹아 있다. 창의적 사고는 선천적 능력이기도 하지만 환경과 훈련에 따라 개발될 수 있다는 것이 지금까지의 연구가 내린 명확한 결론이다. 그렇다면 창의적 발상은 어떻게 가능할까?

비판적 사고를 습관으로 들여라

무엇을 보고 듣더라도 '왜 그럴까, 이렇게 밖에 안 되는 걸까, 다른 식으로 하면 안 될 이유가 뭐란 말인가' 등등 끊임없이 스스로에게 묻고 대답하는 습관을 들여야 한다. 질문을 품고 한참 고민하다 보면 영화를 보다가, 택시를 잡다가, 오랜만에 만난 친구와 대화하다가 질문과 전혀 상관없는 상황에서 착안점이 튀어나올 수가 있다. 중요한 것은, 비판적 사고로 계속 고민하고 있어야 이런 뜻밖의 유레카를 경험할 수 있다는 사실이다.

상상력을 무기로 만들어라

창의적 발상에 왕도는 없지만 그래도 도움이 되는 무기가 있다. 상상력이 그것이다. 상상력에는 세 가지가 있다. 곧 SF적 상상력, 분석적 상상력, 예술적 상상력이다.

SF적 상상력은 만화적 상상력이나 공상적 상상력을 말한다. 만화 〈어벤저스〉를 읽으면서 마음속으로 미래 세계를 그릴 때 동원된 상상력이 바로 SF적 상상력이다. 어떤 사람은 '애같이 그런 걸 보느냐'고 타박하지만 SF적 상상력은 아직 세상에 없지만 현실이 될 수 있는 기술과 제품 및 서비스 개발의 동력으로 작용한다. 휴대전화, GPS, 컴퓨터, 인공지능, 자율주행차, 클론, 나노 머신 등 수많은 발명품이 SF적 상상력에서 탄생했다. 미국을 비롯한 선진국의 벤처회사는 화성 정착지 건설, 민간 우주여행, 소행성 광물 채취, 유전자 조작을 통한 생명 연장 등 SF적 꿈을 현실로 만들기 위한 거대 프로젝트에 이미 뛰어들었다. 이들은 '행동하는 몽상가'로, 물론 돈도 잘 벌지만 돈보다는 어릴 적 꿈을 좇는 일에 더 희열을 느끼는 부류이다.

현실 문제의 근본원인을 찾으려면 SF적 상상력과는 다른 성질의 상상력이 필요하다. 분석적 상상력은 기정사실로 받아들여진 현상의 작동원리, 근본원리를 새로운 관점으로 파고들어가 대안적 프레임을 고안해낸다. 아인슈타인의 사고 실험, 상상력으로 하는 실험을 예로 들 수 있다. 분석적 상상력은 현상에 반복적으로 나타나는 패턴을 인식해 이론화하거나 그와 유사한 특징을 가진 기존 프레임을 찾아내기도 한다. 이노베이션이 활발한 조직을 보면서 기러기의 집단비행 또는 복잡계 시스템의 자기조직 메커니즘을 떠올리게 하는 식이다. 이뿐 아니라 분석적 상상력은 해결 방향성을 지시하며 방향에 따른 예측을 내놓을 뿐만 아니라 실제 데이터로 검증해볼 수 있게 해준다.

마지막으로 예술적 상상력이 있다. 말 그대로 미술, 사진, 음악, 연극 등 다양한 예술 분야에서 아름다움을 인식하고 구상화하여 표현하는 상상력을 말한다. 꼭 전업 예술가가 아니더라도 아름다움을 인식하는 능력은 개인의 삶을 풍요롭게도 하지만 일을 하는 데도 큰 도움이 된다. 아이팟이나 아이폰을 처음 보고 처음 손에 쥐었을 때의 느낌과 감동을 지금도 떠올린다는 것은 비단 제품 기능이 훌륭해서만은 아닌 것이다.

비판적 사고와 상상력을 키우는 몇 가지 방법

모든 능력이 그렇지만 상상력 또한 선천적 요소와 후천적 요소가 함께 작용한다. 그러니 유전이나 환경을 탓할 필요가 없다. 오히려 어릴 적 쓰던 상상력의 반만이라도 다시 살아날 수 있도록 조치를 취하는 것이 생산적이다. 이에 비판적 사고와 상상력 배양에 도움이 되는 몇 가지 팁을 소개한다.

생각의 프레임을 활용해 낙서하기

평소 카페 운영이 꿈인 사람이 있다. 어느 날 과감히 회사를 그만 두고 진짜 카페를 열기로 했다. 그간 꿈만 꿨지 카페 운영에 대해서는 별반 아는 게 없어 몇 달 동안 수많은 카페를 돌아다니며 정보를 모았다. 아울러 카페를 차릴 장소도 물색했다. 몇 달 내내 부지런히 발품을 팔아선지 보고 들은 건 많아졌지만 카페 운영에 감이 잡히거나 하지는 않았다. 그래서 어느 날 종이 한 장을 놓고 고객에 대해서 아는 것, 경쟁자에 대해 아는 것, 대체품 및 공급업체에 대해 아는 것을 다 적어 보았다. 카페 운영과 관련된 요소와 해당 정보를 숙지하면서 카페가 위치할 동네의 고객들에게 나만이 제공할 수 있는 것이 무엇일지를 생각해 보았다. 처음에는 젊은 미혼 직장인과 신혼 부부가 많이 사니까 출근시간에 맞춰 간단한 아침식사를 커피와 제공하면 어떨까 하는 생각이 들었다. 요리가 취미라 간단하면서도 든든한 식사를 제공할 수 있을 것 같았다. 이런 제품을 파는 경쟁 카페는 없었다. 그렇지만 근처 지하철역 주변에 커피와 샌드위치, 핫도그를 파는 포장마차가 있기도 하고 내가 파는 아침식사 세트가 인기를 끌면 경쟁 카페도 금세 따라 할 것 같았다. 그래서 쉽게 모방할 수 없는 나만이 할 수 있는 것을 궁리하기 시작했다.

카페 창업에 뛰어든 이 사람이 보여주듯이, 문제해결은 생각거리를 수집하고 뒤엉킨 정보를 이리저리 배열해보면서(분석과 종합) 맥락과 의미(가설)를 궁리하고 의미가 큰 가설을 검증한 후 수정하고 다시 배열하면서 해결책을 구체화해가는 과정이다. 이 과정에서 모은 정보와 정리한 가설 및 피드백한 내용을 실제로 적어보면 놓쳤던 생각의 고리를 발견할 수도 있고 막연했던 예측이 선명하게 보이기도 한다.

알 만한 사람을 곁에 두고 물어보기

전문가는 나보다 많이 알고 있는 사람이다. 그런 사람을 찾아내 궁금한 점을 물어보고 혜안을 듣는 것은 권장할 만한 일이다. 이때 주의할 점은, 질문하되 질문의 내용과 순서를 신중하게 결정해야 한다는 것이다. 전문가를 만나면 가장 먼저 해결 방향성에 대한 의견을 구하는 것이 좋다. 그리고나서 왜 그렇게 생각하는지 물어본다. 현상과 원인에 대해 먼저 질문하면 이에 대한 대답을 하다가 대개는 자기 말에 빠져 이런이런 원인을 제거하면 된다 내지는, 무엇을 반대로 하면 된다는 식으로 끝나기 일쑤다. 따라서 첫 질문은 '어떻게 해결할 수 있는지' 묻는 게 좋다. 직관적인 해결 방향성을 물으면 창의적인 답이 나올 가능성이 크다. 인지심리학자 김경일 교수에 따르면, 사람이 가장 창의적일 때는 부담 없이 훈수 둘 때라고 한다. 다른 사람의 머리를 최대한 빌리자.

비유 찾아보기

앞서 등장한 '빛과 파도'의 사례를 떠올려보자. 굴절하고 간섭하는 빛의 모양을 보다가 파도를 떠올린 연구자가 있었다. 그는 파도의 특성을 기술하는 파장, 주기, 간섭, 굴절 등의 개념과 방정식을 활용하여 빛의 특성을 비유적으로 기술해보았다. 일단 '파동'을 대입하니 여태껏 명확하지 않았던 빛의 여러 성질이 이해되었다. 이처럼 비유는 추상화, 개념화와 함께 움직인다. '파도의 특성을 가진 파동'이라는 추상적 개념을 정립하자 빛은 물과 완전히 다름에도 유사성이 드러났다.

비유는 조직문화를 바꾸려고 할 때도 활용된다. 인간 사회나 회사 조직은 군집 비행하는 기러기 떼와 비슷하다고 보면, 강압적 리더십으로 구성원을 일괄 지도하기보다는 개개인이 행동 룰을 바꾸도록 부드럽게 유도하면서 리더를 믿고 따를 때까지 기다릴 수도 있을 것이다.

해결책 아이디어를 낼 때도 비유는 유효하다. GE가 항공기 엔진이라는 제품을 파는 것이 아니라 항공기 엔진의 실제 가동 시간을 판다고 본다면 '우리도 에어컨이 아닌 쾌적한 실내 공기를 파는 건 어떨까' 하고 생각할 수 있다. 렌탈 정수기도 이런 발상과 흡사하다.

궁극적인 목적에 집중하기

디테일은 과감히 제쳐두고 문제의 본질에 충실한 것이 가장 창의적

일 수 있다. 예컨대 어느 학교가 교실이 부족해 증축을 하기로 하였다. 이사회 회의가 소집됐고 어디에 증축을 하고 건물 디자인은 어떻게 할지에 대해 많은 의견이 오갔다. 기왕 하는 거 주위 환경과도 어울리면서 건물 자체도 예술적인 디자인으로 하자고 결정해 유명 건축가에게 설계를 의뢰했다. 약속한 날에 건축안이 도착했고 신중히 검토했지만 의견은 제각각으로 나뉘었다. 결론은 쉽사리 나지 않았고 그러던 차 교사와 학생 대표에게도 의견을 구하기로 하였다. 학생 대표가 한참 설명을 들은 후 이렇게 물었다. "그런데 새로 지을 교실은 어디에 있나요?" 좌중은 일순간 침묵에 빠졌다. 여타 요구를 반영하느라 정작 교실은 빠진 것이다. 이 광경을 보고 있던 건축가가 그림 한 장을 조용히 내밀었다. 학교 부지와 기존 건물 구조를 적극 활용해 교실을 최대한 많이 확보하면서도 주변과 조화되는 아름다운 디자인이었다. 물론 그 안으로 결정되었다.

사고촉박 기법과 브레인스토밍 활용하기

사고촉박Forced Thinking은 문제를 내주고 짧은 시간 내(보통 1분) 가급적 여러 개(최소한 5개 이상)의 답을 쓰도록 스스로 강제하는 아이디어 발상 기법을 말한다. 일례로 출산율을 획기적으로 높이는 방법을 1분 내 10개 써보는 것이다. 사고촉박은 단시간에 강제적으로 여러 개의 아이디어를 제출하게 한 후 그중 괜찮은 안을 로직 트리나 시스템 프레임 등을 활용해 추가적으로 다듬는 방식이다. 특히 문제해결 활동의 맨 초기, 가설을 세워야 하는데 막막할 때 유용할 수 있다. 경우에 따라서는 두 명이 칠판에 써가면서 해도 좋다.

브레인스토밍Brainstorming은 여러 사람이 아무 제한없이 떠오르는 대로 생각을 말하고 나중에 이를 정리하는 발상법이다. 브레인스토밍을 통해 도출된 아이디어 자체만 놓고 보면 창의적이라 할 수 없는 것도 많다. 그러나 필자의 경험으로 보면 그렇더라도 착안점을 찾거나 관련된 여러 이슈를 종합하는 데 도움을 주는 경우가 꽤 있었다. 효과적인 브레인스토밍을 위해서는 첫째, 시간 한도를 미리 정해

📓 업무노트 ─────────────────────────────

필자의 경험으로는, 비판적 사고와 상상력을 자극하는 방법 중 가장 추천할 만한 것은 '생각의 프레임을 활용한 낙서하기'이다. 창의적 발상은 아무것도 없는 진공에서 번득이는 무언가가 아니다. 조사하고 탐구하고 기록하다가 '혹시 이런 이유 아닌가, 개념이 이것과 비슷한 것 같은데. 분야는 달라도 이 부분은 착안할 게 있는 것 같은데' 하는 생각에서 시작해 궁금한 사항을 조사해 보고 미흡한 점을 보완하고자 사고촉박 기법도 쓰고 브레인스토밍도 해보는 등 필사적인 문제해결 과정에서 도출되는 결과물이다. 이런 과정을 반복하다 보면 점차 문제가 또렷해지고 근본원인이나 해결 아이디어 관련 착안점도 보이기 시작한다.

늘어지지 않게 하고 둘째, 한두 사람이 발언을 독점하게 해서는 안 되며 셋째, 다른 사람의 말을 비판해서는 안 된다. 그리고 두서없이 생각나는 대로 막 던져도 좋다는 전제와 함께 앞의 조건을 사전에 공지해야 한다.

리버스 엔지니어링 활용하기

리버스 엔지니어링Reverse Engineering은 기존 제품을 분해해 연구한 후 비슷한 제품을 만드는 것을 말한다. 리버스 엔지니어링은 단순한 베끼기가 아니다. 제대로 된 리버스 엔지니어링은 그 자체가 창의적인 발상의 과정이다. 예를 들어 에어컨 컴프레서를 만드는 기술이 없는 한 회사가 외국 제품을 분해해 부품과 조립 구조에 대한 설계도를 만들고 이를 바탕으로 똑같은 제품을 제작했다고 하자. 이것은 명백한 베끼기이다. 그런데 분해에서 그치지 않고 깊이 연구해 각 부분의 작동원리를 이해함은 물론이고 해당 원리를 더 월등히 구현할 수 있는 구조 디자인과 가공법을 찾아냈다면 창의적인 작업이라 할 것이다. 또 다른 예를 들면, 경쟁사 제품을 모두 분해했더니 자기 회사 제품에는 없는 부속물이 PCB 주변에 붙어 있었다. 회사는 이것이 곧 PCB에서 발생하는 열을 분산시키는 장치임을 발견했다. 만약이 회사가 하나의 긴 구조물을 띤 장치의 이런 형태가 효율성을 떨어뜨린다고 생각해 여러 개의 작은 사각형의 구조물로 나눠 설계함으로써 성능을 개선했다면 이것은 단순 카피라고 볼 수 없다.

독창적이라고 평가받는 미술가를 보면 그 또한 초년에 대가의 작품을 모사하면서 기법과 예술 감각을 익혔다. 독창적 예술가가 되느냐 모사 화가가 되느냐는 모사하던 당시 어떤 생각으로 모사를 했는가로 결정된다. 리버스 엔지니어링도 단순 베끼기가 될 수도, 창조적 모방이 될 수도 있다.

문제해결의 짜릿함을 느끼려면

결과에 대한 심리적·물질적 보상도 물론 중요하다. 그러나 본인 스스로가 문제해결 과정에서 느끼는 짜릿한 즐거움이 먼저이다. 그래야 진정 원하는 문제해결법을 찾을 가능성이 커진다. 이렇게 되려면 '정답 찾기식' 습성이 깨져야 한다.

우리나라는 지금껏 정답 빨리 찾기에 집중해왔다. 교육도 이 목표에 맞게 패턴 익히기 훈련에 주력해왔다. 다시 말해 지식 흡수 중심의 학습을 통해 사회적 성취를 쌓아온 것이다. 게다가 학교에서나 회사에서나 실수에 대해 너그럽지 못하다. 실수에 대한 책임을 묻는 일에 가혹하리만치 엄격하다. 한두 문제 맞고 틀리냐로 입학하는 대학이 달라지고, 회사에서 새로운 시도를 하다 잘못되면 승진에서 제외됨은 물론 이런 경우가 몇 번 더해지면 직장생활에 심각한 문제가 발생한다. 이렇다 보니 실수 최소화가 가장 좋은 전략으로 자리잡을 수밖에 없다. 이는 관례에 따르거나 윗사람이 시키는 대로 하는 태도이다. 열등해서 창의적 발상을 못하는 것이 아니라 그럴 이유가 없어서 안 했고 안 하다 보니 굳어져 지금까지 왔다. 그러나 이제 변화는 시작되었다. 지금 시대는 느리지만 창의적 발상을 할 줄 아는 사람을 찾고 있다.

상상력을 잘 발휘하려면

한때 문제해결에 분석적 상상력만 중요할 뿐, SF적 상상력과 예술적 상상력은 별 관계가 없는 것으로 생각했다. 하지만 독창적 제품과 문화, 제도를 만들려면 세 가지 모두 필요하다.

분석적 상상력은 현상이나 원인, 해결방향에 대해 대안적 설명 또는 아이디어를 생각해내는 능력이다. 이 능력을 익히려면 여러 방면의 책을 읽으면서 세상의 작동원리에 대한 여러 이론과 프레임을 익히고, 현장에서의 관찰과 질문을 통해 상식에 대한 대안적 설명 가설을 세울 수 있는 직관력을 키워야 한다. '직관'을 얘기하면 어떤 사람은 조심스럽게 반응하기도 하는데, 직관에 주관과 생각의 편향이 작용한다는 것을 알기 때문일 것이다. 그러나 그 직관으로 가설이 만들어지는 것도 사실이다. 여기에 필자가 덧붙이고 싶은 조언은, 직관이 사용된 중요한 가설은 반드시 팩트로 검증하라는 것이다.

SF적 상상력은 목표를 설정할 때나 새로운 개념설계를 할 때 아이디어의 원천이 된다. 뿐만 아니라 해결책을 구체화하는 단계에서 해결

실마리를 떠올리게 하는 힘도 바로 SF적 상상력이다. 이 능력은 대개 개인의 성향 및 취향과 결부된다. SF소설이나 영화를 좋아하고 거기에 등장한 캐릭터와 기술에 열광하며 동호인들을 만나는 일을 즐기는, 소위 'SF 덕후'로 불리는 부류가 상대적으로 SF적 상상력을 발휘하는 데 유리할 것이다. 우리나라에도 덕후 기질이 농후하지만 조직에서 튀면 불이익을 받을까 싶어 이를 숨기고 있는 젊은이가 많다. 이들이 가진 SF적·만화적 상상력을 회사의 여러 문제를 해결하는 데 사용할 수 있다면 조직의 창의성을 고민할 이유는 없을 것이다.

아이팟과 아이폰이 보여주듯이 예술적 상상력은 특히 매력적인 제품 또는 서비스를 구상할 때 큰 힘이 된다. 스티브 잡스는 자신에게 영향을 끼친 중요한 일 중의 하나로, 스탠포드 대학 재학 시절 수강한 '타이포그래피' 서체 수업을 꼽았다. 잡스와 애플의 사례는 예술적 감각이 비즈니스에 어떻게 접목되는지를 여실히 보여준다.

그렇다면 예술적 아름다움을 인식하는 능력을 어떻게 키울 수 있을까? 이 질문에 대한 답을 사진작가 윤광준의 글을 인용함으로 대신할까 한다.

인간이 만든 미술, 건축, 음악 등에서 느껴지는 아름다움이 자연의 아름다움을 뛰어넘는다는 생각이 든다. 왜 이런 아름다움이 더 강하게 각인되는 걸까. 인간이 '가치'를 부여한 것이기 때문이다. 그냥 보기 좋은 것, 신기한 것이 아니라 숨겨진 의도가 있고 준비된 내용이 있기 때문이다. 그 내용을 유형과 무형의 형태로 구현하고자 한 노력이 있기 때문이다. 또 하나는 감상자의 맥락에 따라 그 '가치'가 매우 다양한 해석으로 번지기 때문이다. (…) 아름다움을 느낀다는 것은 무엇일까. 결국 그 내용을 이해한다는 것이다. 우리의 감각이 깨어나는 건 편견 없이 바라보고, 한발 더 나아가 '적극적으로 이해하려고 할 때'이다. (…) '알아야 보인다'는 말은 '다가서야 느끼고, 경험해야 보인다'로 바꿀 수 있다.

−《심미안 수업》, 윤광준 저, 지와인, 2018, 23쪽, 35~36쪽

상상력을 키우려면 삶의 여유가 있어야 한다. 직장 일로, 양육으로, 공부로 일정이 꽉 찬 사람은 상상을 할 겨를이 없다. 그렇다고 보통사람으로서 퇴근 후 시간은 온전히 내 것으로 누리리라 고집할 수도 없는 노릇이다. 그러니 하루 중 잠깐이라도 지금 하는 일에서 벗어나 다른 사람의 생각을 듣거나 만화적 상상을 풀어놓은 시간을 갖는 것이 최선이다. 따로 시간을 낸다는 건 쉽지 않다.

사족을 덧붙이자면, 그런 의미에서 대학의 교양과정은 예술적 심미안의 기초를 쌓을 수 있는 좋은 기회라고 생각한다.(대학과 교육당국도 교양과정을 질적으로 대폭 강화하는 데 관심을 갖길 바란다.) 대학 교양과정을 이수하는 동안 진짜 중요한 능력인 비판적 사고와 상상력을 기를 수 있는 사회적 여건을 만드는 데 기성세대가 함께 노력했으면 한다.

9장   불확실성을 다루는 방법

아무리 예측하고 준비한들 의외의 상황은 벌어진다. 1990년대 말 우리나라는 외환위기를 맞았다. 벌어지리라 생각도 못했던 일이었고, 개인으로나 조직으로나 쓰디쓴 대가를 치러야 했던 힘든 시간이었다.

문제해결 활동이란 세상의 작동원리에 대한 나름의 가설을 세우고 그에 따른 예측을 전제로 해결책을 만들어가는 과정이다. 그러나 우리가 사는 세상 자체가 너무나 많은 변수를 품고 있어 항상 불확실하다. 그래서 예측 방법이 아무리 정교해도 틀릴 가능성은 상존한다. 요즘처럼 빠르게 변화하는 시대에 불확실성은 더더욱 위협적으로 다가온다. 재정의 불확실성, 안보의 불확실성, 관계의 불확실성…
우리는 뉴스를 통해 관리하지 못한 불확실성이 개인이나 조직, 국가
에게 어떤 재앙으로 돌아오는지 익히 들어 잘 안다. 이런 불확실성
을 다루는 몇 가지 방법을 이번 장에서 소개한다.

컨틴전시 플랜(플랜 B) 어프로치

상황에 따른 예상 시나리오를 만든다고 하면, 보통은 가장 있을 법
한 시나리오와 최악의 시나리오를 만든 후 각각에 맞는 해결책을 마
련하는 식으로 진행된다. 컨틴전시 플랜Contingency Plan은 우발성을
뜻하는 '컨틴전시'라는 단어에서 짐작할 수 있듯이, 예상치 못한 긴
급 상황에 대비해 미리 만들어 놓은 비상 계획을 의미한다. 다시 말
해, 가장 있을 법한 시나리오에 맞춰 일을 실행하던 중 우발적인 상
황이 벌어졌을 때를 대비해 별도로 마련해 놓은 일종의 대응계획이
다. 보통 컨틴전시 플랜에는 변화에 대한 핵심지표, 모니터 방법, 트
리거 포인트가 미리 설정돼 있어 이 조건이 성립하면 바로 작동하게
되어 있다.

대부분의 대기업이 컨틴전시 플랜을 준비하며, 특히 안정적인 경
영환경에 있는 사업이나 조직이 비교적 작은 변화에 대한 단기 대응
책을 마련할 때 유용하다. 기업에서 사용하는 컨틴전시 플랜은 대개

비용 집행을 중단하거나 영업활동을 강화하거나 재고를 할인 처분한다는 식의 운영계획 변경 수준이어서 큰 규모의 변화에 대응하기에는 무리가 있다.

초스피드·초경량 경영 어프로치

상황이 빠르게 변하는 사업을 운영하는 경우 투자계획이나 운영계획은 연 단위로 세우기보다는 분기 내지 월 단위로 세우는 것이 좋다. 즉 상황 변화 속도에 맞춰 대응 속도도 재조정하라는 의미이다. 회사 제품을 마케팅할 기회이다 싶으면 계획 세우느라 타이밍을 놓치지 말고 즉각 움직여 고객 반응에 따라 마케팅 활동을 확대하든 축소하든 해야 할 것이다. 이것이 초스피드 경영, 초경량 경영의 움직임이다. 사업 모델에 핵심적인 한두 가지 역량 외에는 최대한 몸을 가볍게 하여 상황 변화에 대응해야 할 때 버려야 할 것을 최소화하는 것이다. 회사로 하여금 움직임만 둔하게 만들었던 재고, 사무실, 창고, 차량 등 고정 자산을 최소화하는 것이다. 대표적으로 우버, 에어비앤비, 티켓 몬스터 같은 상거래 플랫폼 회사가 이에 해당된다.

또 애플 같은 하드웨어 플랫폼 회사도 제품 개발은 미국 본사에서 해도 주요 부품 조달은 일본과 한국에서, 생산은 중국에서 진행하는 등 효율적인 SCM을 통해 몸집을 최대한 가볍게 하려고 한다.(글로벌화가 규범이던 시기에 만들어진 이러한 국제 분업 체계가 최근 미국의 자국 제조업 보호 정책과 미중 갈등으로 크게 요동치고 있긴 하다.) 실리콘밸리나 중국 심천을 보면 디자인, 하드웨어 및 소프트웨어 개발, 부품 조달, 생산 등 경영의 각 분야를 맡아 처리해줄 전문기업이 포진되어 있어 아이디어 하나로 창업한 벤처회사가 초경량 경영을 실천하기가 용이하다. 이런 경향은 점점 더 강해져 분업체계가 지역별로 발전할 것으로 보인다.

보험 들기 어프로치

어떤 변화에도 대응할 수 있는 여유를 가지려면 핵심 자산과 역량에 미리, 충분히 투자해두는 것이 좋다. 디지털 및 바이오 산업을 중심으로 기술이 빠르게 진보함에 따라 어느 산업이라고 할 것 없이 미래가 불확실하고 미국과 중국의 헤게모니 다툼에서 보듯 지정학적으로 격변기인 요즘에는 더더욱 보험성 선 투자가 요구된다. 많은 기업이 높은 인건비를 지불해가며 완결성 생산체계나 연구조직을 어떻게든 미국에 갖추려 하는 것도 일종의 보험 들기이다. 향후 격화될 수 있는 무역 전쟁에 대비하여 여차하면 주요 부품과 최종 조립 생산지를 미국으로 이전하기 위한 사전 포석작업인 셈이다.

'의도적으로 다양한 가능성을 열어두는 조직' 어프로치

'선택과 집중'이 경영의 최고 화두였던 적이 있었다. 당시는 대기업이 문어발식으로 사업을 확장하던 시기로, 그룹 계열사끼리 거래를 주고받으면서 쉽게 일을 하다 보니 경쟁력을 키울 필요가 없었고 다른 회사의 사업 기회마서 자기들끼리 나눠가지는 형편이었다. 그때 등장한 전략이 선택과 집중이다. 지금도 어떤 측면에서 이 전략은 유효하지만 미래의 사업 기회를 생각하면 유보할 수밖에 없다. 특히 디지털이나 바이오 분야에서 하드웨어, 소프트웨어, 서비스, 콘텐츠 등

📔 업무노트 ────────────────

조직의 리더라면 불확실성에 대한 대비책을 생각하지 않을 수 없다. 사실 리더의 가장 중요한 일 중 하나이다.

닥치지 않은 위협 및 기회 요인을 따지는 일에 비용과 시간을 들여가며 구체적인 대비책을 마련한다는 것은 쉽지 않은 일이다. 그러나 최근 빈번히 터지는 지정학적 갈등이나 디지털 혁명 이슈와 연관 지어 생각하면 불확실성 대비를 책임지는 리더의 역할이 무엇보다 중요한 때이다.

금융위기가 전 세계를 덮쳤던 2008년 전후로 블랙 스완Black Swan이라는 말이 회자됐다. 나심 니콜라스 탈레브의 동명 책에서 비롯된이 말은, 극단적으로 예외적이라 발생가능성이 거의 없지만 한번 발생

을 융복합하는 일에 승부를 건다면 다양한 가능성을 확보하는 것이 중요하다. 어떤 요소가 어떻게 될지 알 수 없기 때문이다. 따라서 개인으로서나 조직으로서나 은밀하게 진행하는 미래 프로젝트를 여러 개 갖고 있는 게 좋다. 투명한 경영을 표방한다는 이유로, '선택과 집중'을 실천한다는 이유로 이러한 프로젝트를 모두 공개하는 것은 결코 도전의식의 표현이 아니다. 단지 실패하지 않을 안전한 사업만 골라 하면서 이런 행태를 그럴듯한 말로 포장한 것일 뿐이다.

절대 실패하지 않을 프로젝트는 결코 놀라운 이노베이션이 될 수 없다. 지금의 시대는 각자의 판단으로 진행되는 일이 사업적 가

하면 극심한 충격과 변화를 가져오는 사건을 의미한다. 18세기까지 서방 세계는 모든 백조는 희다고 생각했다. 그런데 호주에서 흑색 백조가 발견되면서 상식이 완전히 깨어졌다. 이렇게 희귀하고 비일상적인 사건이 느닷없이 발생해 전체를 바꿔 버리는 일이 블랙 스완이다. 탈레브는 무섭고 두려운 일이지만 오히려 조직 안팎으로 여기저기 기웃거리며 블랙 스완의 출현 조짐을 살펴보고 이를 기회로 만들라고 조언한다. 세상을 바꾸는 발명, 사업 모델, 예술 사조, 기술, 발상이 출현하면 거리낌없이 기존 관념을 버리고 시행착오를 겪겠다는 열린 자세를 갖추는 것만이 비극적인 블랙 스완을 기회로 만드는 방법이라고 주장한다.

능성을 보일 때까지 회사는 뒤에서 기다려야 하는 시대이다. 그런데 요즘 들리는 얘기로, 경영관리 시스템이 IT 기반으로 고도화됨에 따라 성공이 불확실한 프로젝트는 연구소나 사업부에서 진행하기가 어렵다고 한다. 경영관리가 첨단화된다고 환영할 일만은 아닌 것 같다.

'스스로 미래 만들기' 어프로치

2008년 당시 한국 사회는 '미래 먹거리를 위해 무엇을 해야 하는지'에 대한 논의가 한창이었다. 그때 나온 유망 아이템 중 하나가 전기차였는데, 대부분의 시장예측 기관은 2020년 전 세계 전기차 수요가 30만 대를 넘지 않을 것으로 보았다. 세계 연간 자동차 수요를 1억 대로 추정했을 때 0.3%에 해당하는 숫자였다. 2020년 이후도 전기차 수요 전망은 밝지 않았다. 배터리 성능과 가격, 충전 인프라 보급 수준, 대체기술인 '클린 디젤차'의 기술 진보 속도를 걸림돌로 지적했다.

LG는 발상을 바꾸기로 했다. 미래가 불확실하고 어두워보인다면 아예 우리가 원하는 미래를 우리가 만들어보자는 생각을 했다. 그래서 전기차가 대중화되려면 어떤 조건이 충족되어야 하는지 연구하기 시작했다. 여러 조건이 있었지만, '한 번 충전에 어떤 날씨에도 200마일을 갈 수 있고, 가격은 3만 달러 선'이 핵심 조건이었다.

회사 내 여러 부서가 모여 프로토타입을 만드는 데 착수했다. 폭발적인 가속 성능을 가진 프로토타입이 만들어졌다. 제작 과정에서 새로운 사실도 알아냈다. 전기와 모터를 사용하면 주행 및 코너링, 브레이킹 관련 미세 조정도 화석 연료차보다 훨씬 용이하다는 것이었다. 수년의 노력 끝에 LG는 GM의 공동개발 파트너가 되었다. 그리고 오늘날 전기차 시대의 주역으로 발돋움했다.(자세한 얘기는 192쪽 참조)

적용 문제

1. 당신 조직이 당면한 문제가 현상 타개형인지 목표 추구형인지 구분하고 근본원인과 핵심 과제를 생각해보자.

2. 당신 회사에 대한 입사선호도가 낮다고 가정하고 원인 분석을 해보자. 원인 중 하나인 낮은 회사 인지도를 두 배로 높이기 위한 과제 분석을 해보자.

3. 최근에 내가 한 일 중 생각의 편향이 의심되는 것은 무엇인가?

4. 조직의 토론 문화를 활성화하기 위해 리더는 무엇을 해야 하는가? 선택한 방법과 효과 간 인과관계는 어떻게 검증할 수 있는가?

5. 디지털화로 인해 직업의 불확실성이 커졌다. 미래에 당신의 직업은 안전할까? 당신의 대처법은 무엇인가?

3부

문제해결의
사고 프로세스

문제해결을 위한 플로우 차트

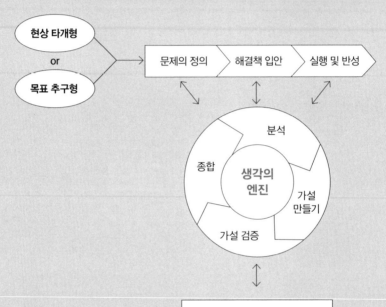

현상 타개형

or

목표 추구형

문제의 정의　해결책 입안　실행 및 반성

분석

종합　생각의 엔진　가설 만들기

가설 검증

문제해결의 근본 역량

- 비판적 사고
- 상상력
- 과학적·논리적 엄격함
- 문제 주인으로서의 마음가짐

10장 현상 타개형 문제의 해결

현실의 문제는 간단하지 않다. 사후적으로 보면 명확해 보이는 문제의 본질이 문제해결 당시에는 흐릿하기만 하다. 또 '이것이 진짜 해결 방향'이라고 확신해 완성도 있게 구체화한 해결책이라도 결과는 형편없을 때가 많다. 우리가 현실에서 맞닥뜨리는 문제는 교과서에 실린 수학문제처럼 유형별 해법을 익히면 풀리는 문제가 아니다. 문제 하나하나가 예외인 경우가 허다하다. 그러다 보니 현실에서의 문제해결은 무엇이 진짜 문제인지를 정의하는 일에서 시작해, 진짜 문제를 해결하려면 어떻게 해야 하는지에 관한 가설적 답을 만들고, 이를 검증하고, 결과에 따라 기존 가설을 수정·보완하는 과정이 반복될 수밖에 없다. 즉 문제해결은 시행착오를 여러 번 거쳐야 도달할 수 있는 고지인 것이다. 먼저 이 사실을 받아들이자. 그리고 나서 앞의 2부에서 다룬 생각의 여러 도구와 기술을 적절히 활용하면서 문제해결 단계를 따라가 보자.

현상 타개형 문제해결에서 첫 번째 문제 정의 단계는 '진짜 중요한 문제(들)'를 찾는 것이다. 이는 현상에 대한 정확한 이해 없이는 불가능하다. 복잡한 현상일수록 진짜 문제가 무엇인지 파악하는 것이 중요하다. 문제라고 생각했던 것이 사실 문제가 아니었고 전혀 예상도 못했던 것이 진짜 문제로 드러나는 경우처럼 난감한 상황은 없다. 진짜 문제를 찾았다면 이제 구체적으로 이 문제를 정의한다. 그리고 이어서 다음 단계인 해결책 대안을 입안한다. 문제의 근본원인까지 파악한 후에는 이에 대한 해결책 아이디어를 낸다. 가급적 여러 아이디어를 내어 이를 대안으로 정리한다. 그 다음으로 대안 중 비용 대비 효과와 리스크를 감안하여 최적 해결책을 선택한다. 이후 세 번째 단계로, 실행하고 결과를 성찰한다. 성찰 결과를 반영하여 앞의 단계를 반복할 수도 있다.

문제의 정의: 진짜 문제의 발견

현상 타개형 문제를 다룰 때 가장 어렵고도 중요한 일은 현상의 근본원인을 찾는 것이다. 괴혈병의 증상 중 하나인 잇몸 출혈만 보고 치아 문제로 보는 것은 근본원인을 제대로 파악하지 못한 것이다. 익히 알려졌듯이 괴혈병은 비타민 C 결핍으로 생긴다. 또 다른 예로, 과거에 의사가 개입한 출산의 영아 사망률이 높았던 이유도 마찬가지다. 의사가 손 소독을 제대로 하지 않아 생긴 세균 감염이 근본원인이었다. 만약 산모의 영양 상태나 가족 유전력을 원인으로 지목했다면 그야말로 문제의 변죽만 울린 셈이다.

현상의 근본원인을 알려면 겉만 볼 것이 아니라 심층적으로 파고들어 분석해야 한다. 상식적인 설명에 기대기보다 상상력을 발휘하여 가능성 있는 다양한 원인 가설을 리스트업하고 각 가설이 참일 때 예측되는 내용과 실제 증거를 비교한다. 1차 원인이 확인되면 이 원인을 야기한 원인을 찾고 그 원인을 또 찾고… 이런 식으로 원인의 원인을 계속 캐들어가다 보면 더는 물을 수 없는 근본원인에 닿는다. 토요타 자동차가 사용한 소위 '5 Why 기법'을 적용하는 과정이라고 할 수 있다. 어떤 일이든 다섯 번은 '왜'라고 물으라는 뜻이다. 우리는 이 과정에서 의식적이든 무의식적이든 어떤 생각의 프레임을 활용한다. 19세기까지 높았던 영아 사망률의 원인을 세균 감염으로 결론 내릴 수 있었던 데는 근본원인을 파악할 때 필요한 사전 지식과 생각의 틀이 당시 존재했기 때문이다. 눈에 보이지 않는 미세 생물이 존재한다는 사실이 200여 년 전 밝혀지지 않았더라면, 또 탄저균 발견으로 세균이 병을 일으킬 수 있다는 사실을 몰랐더라면 영아 사망과 소독하지 않은 의사의 손을 연결하지 못했을 것이다. 다시 말해 미생물로 가득 찬 세계라는 지식(프레임)이 있었기 때문에 '어떤 세균이, 어떤 경로로 감염을 일으켰을까'라는 발상을 할 수 있었고 여러 가능성 중 개연성 높은 안을 추려갈 수 있었다. 미세먼지 발생원을 찾는 일도 마찬가지다. 대기 순환 시스템(이것도 일종의 프레임)이라는 이미 알려진 큰 틀이 있기에 이를 전제로 각종 발생원에서 들어오는 미세먼지가 순환 확산되는 것을 상정한 후 각각의 발생원에서 나오는 화학물질과 실제 대기 중 발견되는 미세먼지를 비교할 수 있고 그 결과 어떤 발생원이 얼마나 기여하는지 추정할 수 있는 것이다. 2016년 EC의 51개국 공동조사 결과 발표에 따르면, 한국에서 발견되는 PM 2.5(입자 크기가 2.5μm 이하인 먼지를 말하며 이는 머리카락 굵기의 20분의 1 정도 된다) 미세먼지는 교통에서 25%, 인간에 의한 불특정 오염원에서 22%, 가정연료에서 20%, 산업에서 15%, 산불 화재 등 자연 오염원에서 18% 발생하는 것으로 분석되었다. 각 발생원 또한 자세히 들여다보면 그 안에서도 주된 요인을 가릴 수 있다. 예컨대 교통이라는 발생원을 분석한 결과 노후된 경유차가 휘발유차보다 미세먼지 배출양이 많았다면, '노후된 경유차를 줄이는 것이 관건'이라는 의견을 개진할 수 있다.

조심할 것은 문제해결 과정 초기에 어느 특정한 생각 프레임만 적용하거나 아예 잘못된 프레임을 선택하면 엉뚱한 방향으로 갈 수 있다는 사실이다. 예컨대 증상만 보고 괴혈병 원인을 잇몸질환이나 배변 문제로 간주한다면 진짜 원인 찾기는 힘들어지기만 한다.

문제 정의와 관련해 근본원인의 중요성만큼이나 기억해야 할 키워드가 '문제의 재정의'이다. 앞서 등장한 도로 정체 사례에서 문제를 정의할 때 처음에는 '부족한 도로'를 문제로 보았다. 그래서 나온 해결책이 새로운 도로 건설이었다. 그런데 정체 문제를 서울시 전체 교통망과 흐름의 관점으로 보니 해결책은 기존 도로망 개선과 대중교통 체계의 보강으로 바뀌었다. 문제를 재정의한 결과 완전히 새로운 해결책 공간이 열린 것이다. 베이킹 소다도 문제 재정의로 빛을 본 사례이다. 베이킹 소다가 판매 정체에 허덕이자 회사는 베이킹 소다의 식용 사용처를 넓히고자 실험에 실험을 거듭했다. 그러던 어느 날 우연히 베이킹 소다가 식기에 붙은 음식을 씻어내는 데 탁월한 효과가 있다는 것을 알게 되었다. 만일 회사가 베이킹 소다의 판매 정체를 '식용 사용처 부족' 탓으로 돌리면 해결책은 먹는 것에 한정된다. 그러나 '식용 외 사용처 미개발'로 문제를 바라보면 세척제라는 전혀 다른 해결의 길을 모색할 수 있다. 그 후 회사는 '먹어도 될 만큼 안전한 세척제로서의 베이킹 소다 마케팅'으로 괄목할 만한 판매증대 효과를 보았다.

이처럼 문제해결의 절반 이상이 문제의 정의 단계에서 결정된다. 문제해결 활동과 관련해 문제 정의 외 다른 것은 상사나 외부기관의 결정에 따를 수 있지만 문제를 정의하는 일만큼은 해결을 맡은 본인이 직접 해야 한다. 문제 정의는 첫 단추이다. 이후 진행되는 모든 결정이 이 첫 단추에 달려 있기에 문제해결 당사자가 나서야 한다. 리더로서 맡기 어려운 임무 중 하나는 부진한 사업을 맡아 전략 방향을 설정하는 일이다. 흔히 이런 일은 사업을 무조건 살려내라는 미션과 함께 새로운 조직 책임자로 임명되면서 시작된다. 그런데 아무리 미션이라지만 시장에서 조용히 퇴각하는 것이 최선이라는 판단이 들 때가 있다. 해당 사업의 시장 위치와 내외부 환경을 검토했을 때 경쟁우위를 점할 가능성이 없는 상황이라고 결론 내릴 수 있는 것이다. 이런 상황에서 문제를 정의할 권리가 누구에게 있느냐에 따라 상황 전개는 달라진다. 새로운 조직 책임자에게 문제해결 역량, 특히 적절한 생각의 프레임을 선택하여 현실을 해석할 수 있는 능력이 있고 실제 사업 방향을 결정할 권한도 있다면, 회사는 엉뚱한 데 막대한 노력과 돈을 쏟아 붓는 실수를 막을 수 있다.(13장에서 관련 사례를 자세히 다룬다.)

해결책 입안: 근본적이고 포괄적인 해결책 찾기

앞의 PM 2.5 미세먼지 감축 사례에서 진짜 문제 중 하나로, 경유차가 배출하는 미세먼지의 원인 물질을 줄이는 것을 꼽았다. 그렇다면 그에 대한 해결책은 '경유차 운전 금지'일까? 아니다. 적어도 우리 사회에서는 그런 식의 해결책으로는 안 된다. 먼저 우리나라에 경유차가 많은 이유와, 한번 경유차를 구입하면 왜 그렇게 오래 타는지 그 배경을 알아야 한다. 알다시피 경유차는 시간이 갈수록 미세먼지를 더 많이 배출하기 때문이다. 경유차의 구입 및 사용 배경을 알기 위해 일정 조건에 따른 조사를 실시한다. 다음 그림에서 보듯, 사용 원인을 MECE 원칙에 맞게 경제적 원인과 비경제적 원인으로 나누고 경제적 원인은 차량 구입비와 연료비로, 비경제적 원인은 운전 성능과 사회적 인식으로 나눠 각각에 대해 실제 사용에 얼마나 영향을 미칠지 조사한다. 조사 결과, 경유차의 차량구입비가 동급 휘발유차 대비 더 비싸지만 경유 가격이 휘발유 가격보다 싸서 평균 사용자일 경우 차량 유지에 드는 전체 비용을 생각하면 경유차가 유리한 것으로 나타났다. 차량 주행이 많은 사업용 자동차일 경우는 더 그랬다. 성능 면을 보자면, 과거 경유차는 힘은 좋아도 가속 성능, 소음도 등

경유차 구입 및 사용 배경 조사맵

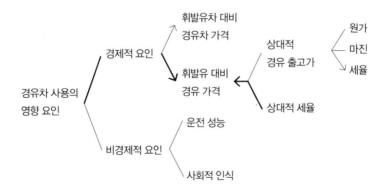

에서 낮은 평가를 받았지만 최근 많이 개선되어 차이가 거의 없었다. 경유차에 대한 사회적 인식도 개선되고 있었다. 유럽 제조사들이 지속적으로 벌이는 '경유차 타기' 캠페인이 도움이 됐다. 결국 경유차 구매 및 장기간 사용의 가장 큰 원인은 휘발유차 대비 저렴한 연료비였다. 여기에서 한 단계 더 들어가 왜 경유 가격이 휘발유 가격보다 낮은지 조사해보니, 원인은 상대적으로 낮은 세율에 있었다.

이렇게 근본원인을 찾았다고 바로 경유 세율을 높이는 정책을 시행해서는 안 된다. 그 전에 경유 세율이 낮은 이유도 고려해야 한다. 애초 이 정책은 영세사업자를 지원하기 위한 목적에서 마련된 것이었다. 그들이 주로 사용하는 트럭이 경유를 사용한다는 데서 착안한 정책이기 때문이다. 따라서 미세먼지를 줄이겠다고 경유 세율을 높일 경우 상당한 반발에 부딪친다. 그렇다면 어떤 해결책을 생각할 수 있을까? 경유 세율을 높이는 동시에 휘발유차 구매 지원 등의 보완책을 마련하고 미세먼지 저감 장치 장착비를 보조하면서 미장착 차량을 엄중 단속하고 해당 차량에 벌금을 부과하는 등 여러 안을 놓고 각각의 효과와 비용을 비교해 적정안을 정하는 게 좋다. 포괄적이고 근본적인 해결책을 만들려면 이해당사자를 위한 대책을 포함해 이 대책에도 반발할 구성원에 대한 하부 대안을 마련해야 하며, 이들 전체를 놓고 종합적으로 검토해야 한다. 또한 각각의 해결책이 가진 효과를 다 합하면 기대한 전체 효과가 나오는지, 해결책 간 모순 내지 충돌은 없는지 꼼꼼히 살펴서 해결책 전체의 유효성을 확인해야 한다.

근본적이고 포괄적인 해결책 개념은 비단 이해당사자의 입장을 반영하는 데서 그치지 않는다. 근본적·포괄적 해결책을 마련하기 위해서는 근본문제를 찾는 태도도 근본적·포괄적이어야 한다. 앞에서 간단히 언급했지만 필자는 근본원인을 알 수 없는 제품의 품질 불량 문제로 오랫동안 큰 어려움을 겪었다. 상황을 간단히 기술하면 다음과 같다. 한 전자 제품에서 처음엔 멀쩡했다가 사용 시간이 지남에 따라 특정한 불량 현상이 나타났다. 일부 제품에만 나타난 현상이었고, '특정 반도체와 기판 사이의 접속 부분인 납으로 된 볼의 파열' 때문인 것으로 1차 원인이 밝혀졌다. 해결책으로, 납볼 파열의 원인으로 지적된 특정 반도체의 발열을 줄이기 위해 소프트웨어 재설계가 결정되었다. 원인도 명확하고 해법도 조기에 적용했으니 문제는 완전히 해결되었다고 생각하였다. 그런데 1년쯤 지나 품질 불량으로 반품되는 제품이 늘기 시작했다. 해결책이 맞다면 있을 수 없는 일이었다. 대대적 재조사가 이루어졌다. 1차 원인은 납볼 파열이 맞았다. 그러나 파열의 원인이 애초 생각했던 것보다 많다는 사실이 밝혀졌다. 같은 온도라도 기판의 물성에 따라 제각각인 뒤틀림 현상, 기판과 기판 사이에 충격 방지를 위해 채워 넣은 플라스틱 소재의 온도 특성 등 수많은 변수가 얽혀 있어 원인을 특정하기 어려웠다. 2~3개월 정도면 해결하리라 예상했지만 국내외 여러 분야 전문가를 총동원하고도 2년 가까이 시간을 투자해서야 근본원인을 알아내고 완전한 해결책을 만들 수 있었다.

최적 해결책 선정

해결책으로 한 개의 안만 준비하는 경우는 별로 없다. 특히 기업 조직에서 중요 사안일 경우 항상 복수의 대안을 만들어야 한다. 한 가지 관점으로 문제를 봤을 때 지나칠 수 있는 혹시 모를 사각지대를 방지하고, 문제를 입체적으로 살핌으로써 최적의 해결책을 찾기 위함이다. 대안 가운데 최적의 대안을 선택하는 데 도움되는 지침을 소개한다. 누구나 생각의 편향에서 자유롭지 않기 때문에 판단의 근거를 따져보는 것은 결정적 실수를 막는 좋은 태도이다.

객관적 근거가 있는가
가장 먼저 해당 대안이 문제해결법으로 적합하다고 믿을 만한 객관적 근거를 갖고 있는지 확인해야 한다. 다시 말해 자신의 직관이 선호하는 대안을 선택한 것은 아닌지 살펴보라는 의미이다. 앞에서 말했듯이 우리에게는 확정 편향, 선택적 지각 편향, 이노베이션 친화 편향 등 올바른 판단을 저해하는 심리적 경향이 있기 때문이다. 큰 피해없이 뒤집을 수 있는 성격의 결정이라면 빨리 해치워도 큰 문제가 되지 않는다. 하지만 지극히 중요한 문제에, 투입할 시간과 비용도 만만치 않은 해결책이라면 샘플을 선정해 실험해보거나 통계적 검증법을 이용해 해결책의 타당성을 계산해봐야 한다. 물론 모델링이나 프로토타이핑을 통해 유효성을 확인해도 좋다.

비용 대비 효과가 큰가

누구나 아는 상식이지만 비용보다 효과가 큰지 확인해야 한다. 비용 대비 효과를 파악할 때 가장 좋은 방법은 수치화하는 것이다. 여기에는 순현재가치NPV: Net Present Value와 내부수익률IRR: Internal Rate of Return 두 가지 지표가 많이 사용된다. 어느 지표를 보든, 숫자가 큰 대안이 비용 대비 효과가 더 큰 것이다. 두 지표를 계산하고 싶다

순현재가치 및 내부수익률 계산법

$$PV(현재가치) = \frac{CF_1}{(1 + r)^1} + \frac{CF_2}{(1 + r)^2} + \frac{CF_3}{(1 + r)^3} + \cdots + \frac{CF_n}{(1 + r)^n}$$

CF_i: 1년 뒤 현금 흐름   r: 무위험 이자율   n: 기간

NPV(순현재가치) = PV − 초기투자비용

즉 NPV는 초기투자로 인한 수익의 현재가치의 합에서 초기투자를 제한 값이므로 0보다 클수록 투자기회가 크다.

IRR(내부수익률)은 다음 공식에서 역산하여 구함

$$초기투자비용 = \frac{CF_1}{(1 + IRR)^1} + \frac{CF_2}{(1 + IRR)^2} + \cdots + \frac{CF_n}{(1 + IRR)^n}$$

즉 IRR은 순현재가치가 0이 되게 하는 할인율로서 초기 투자비용에 대해 어느 정도 수익이 평균적으로 발생하는지를 측정한다.

면 앞의 공식에 대입하면 된다. 두 지표 모두 원리는 같다. 각 대안에서 발생하는 미래의 현금 흐름을 이자율로 할인하여 현재 가치를 보여주거나 현재 투자하여 그와 같은 미래 현금 흐름을 만들어 낼 수 있는 이자율을 계산하는 것이다. 한 가지 단점은, 미래의 현금 흐름이나 이자율을 하나의 수치로 정확히 예측하는 것이 불가능하다는 사실이다. 그래서 보통 그 값의 범위를 추정하여 예컨대 2년 차 미래 현금은 예상치most likely 100, 최대 120, 최저 90, 이자율은 예상치 2%, 최고 2.5%, 최저 1.7% 식으로 예측해 각각의 현재 가치를 계산한다. 이를 좀 더 정교하게 통계적 확률 분포를 사용하여 계산할 수도 있지만 실제로는 큰 의미가 없다.

기대 효과를 수치화하기 어려울 때는 미래에 벌어질 일을 상상하여 시나리오를 만드는 것도 한 방법이다. 앞서 배웠던 생각의 프레임 중 상황에 맞는 것을 골라 해당 해결책이 시스템을 구성하는 요소에 어떤 영향을 끼칠지, 요소들의 반응이 전체 시스템에 어떤 영향으로 돌아올지 추정해본다. 시나리오 작성에서 중요한 것은 시나리오의 정교함이 아니라 핵심 내용의 포함 여부이다. 다음 그림은 어떤 프리미엄 위스키 제조사가 외국의 프리미엄 보드카 회사가 국내 고급 주류시장에 진입해올 때 어떻게 대응할지를 놓고 그려본 두 개의 시나리오이다.

최종 결정은 각 시나리오의 장단점을 정성적으로 비교한 후 내린다. 첫 번째 시나리오의 경우 프리미엄 보드카의 진입을 원천적으로

프리미엄 보드카의 시장 진입에 대응하는 어느 위스키 제조사의 대응 시나리오

시나리오 1. '자사 프리미엄 위스키 가격 인하' 안

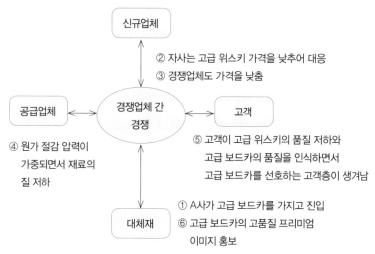

시나리오 2. '자사 준 프리미엄 위스키 도입(다소 낮은 품질 / 프리미엄 보드카 가격 수준)' 안

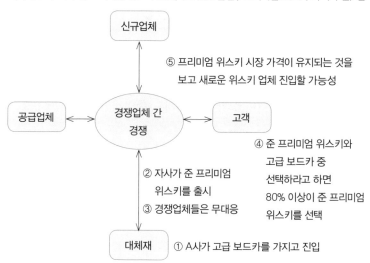

봉쇄한다는 장점을 갖고 있다. 단점은 경쟁업체도 가격을 내려 프리미엄 위스키 가치에 대한 소비자 이미지를 훼손한다는 것과, 가격인하로 인한 원가 부담을 낮추고자 원재료 공급업체를 압박한 결과 재료의 품질이 저하되고, 이는 프리미엄 위스키의 질적 저하로 이어져 종국에는 프리미엄 위스키 시장의 위축이라는 도미노 효과를 불러올 수 있다는 것이다. 두 번째 시나리오의 경우, 장점은 프리미엄 위스키 시장에 대한 영향을 최소화하면서 시장을 새롭게 세분화할 가능성이 있다는 것이다. 단점은 프리미엄 보드카의 진입과 정착을 허용하여 추후 어떤 변화가 생길지 알 수 없다는 사실이다. 당신이라면 어떤 시나리오를 어떤 이유로 선택하겠는가?

시나리오 작업은 조직 구성원이 게임적 요소와 함께 전략적 사고를 학습할 수 있는 좋은 기회이다. 자사와 경쟁사, 신규 진입자 각각의 입장에 서보면 나의 선택이 업계에 어떤 반향을 일으키고 신규 진입자에게 어떤 자극을 주는지 생각해볼 수 있고, 어떤 조치(동맹, 엄포적 선언, 선제적 가격인하 등)가 어떤 결과를 불러오는지 선제적으로 경험하여 실제 어떤 상황이 벌어져도 창의적인 전략적 행동으로 침착하게 대응하도록 해준다.

대안에 내포된 리스크를 점검했는가

불확실성이 현실화됨으로써 손해를 볼 가능성을 리스크라고 한다. 각각의 해결책 대안에도 리스크가 내포되어 있다. 수익 저하를 부를 가능성도 있고 법적 위험도 있을 수 있으며 회사 내 타 사업에 피해를 주거나 회사 전체에 손해를 입힐 여지도 있다. 어떤 해결책 대안은 기댓값이 높지만 수익을 확 떨어트리거나 큰 손실을 부를 리스크가 큰 반면, 어떤 해결책 대안은 기댓값은 낮지만 리스크는 별로 없을 수 있다. 회사 전체가 타격을 입을 리스크가 큰 대안도 있다. 매출 올리겠다고 벌린 판촉 활동에 경쟁사가 작심하고 대폭 가격인하 같은 보복 조치를 취하면 회사 전체가 치명상을 입을 수 있는 것이다.

　사업 환경이나 본인 능력에 대한 과신 혹은 무지 때문에 발생하는 리스크도 있다. 인간이라면 누구나 심리적 편향을 갖고 있기 때문에 나중에 '왜 그런 선택을 했을까, 왜 그걸 놓쳤을까'하고 후회하는 경우를 말한다. 나와 다른 관점을 가진 사람을 주변에 두고 의견을 자주 들어야 하는 이유가 바로 여기에 있다. 필자의 개인 경험으로 보면, 나와 내 조직의 능력을 과신할 때 잘못된 선택을 하는 경우가 많았다. 유능한 장군은 자기가 지휘하는 군대의 행군 속도를 잘 알아야 한다는 말이 있다. 행군 속도를 과신한 채 작전을 짜면 도착하리라 예상했던 시간과 장소 모두 빗나갈 수 있다. 사업이든 스포츠든 공부든 뭐든 미지의 영역에 도전하는 일은 자기 역량을 극한까지 끌어내야 길이 보인다. 안전한 선택에 안주하면 실패할 일은 없을지 모른다. 그러나 발전은 없다. 어떤 선택이 최선이고 최악인지 누구도 완벽하게 알 수는 없다. 자기 자신을 알고 열정과 도전욕이 있으면 성공하는가? 그것도 보장할 수 없다. 성공 경험이 많은 사람이라도 의욕적으로 시작한 일이 크게 실패해 전체 사업에도 큰 손해를 입히곤 한다. 그럼에도 극한에 도전하면서 인생의 쓴 맛을 잊지 않는, 그런 현명한 사람이 되도록 각자가 노력할 일이다.

종합적으로 판단하는가

최적안 선택 시 어느 한 가지 사항만 고려해서는 안 된다. 비용 대비 효과와 장점, 단점, 리스크를 종합·판단해 결정해야 한다. 어떤 리스크를 얼마나 수용할지는 사람마다 조직마다 다를 것이다. 어떤 사람은 기댓값이 높으면 리스크가 커도 개의치 않는 반면, 어떤 사람은 수익이 떨어질 확률이 거의 없는 안에도 난색을 표한다. 그래서 본인이 수용할 수 있는 수익의 확률 분포, 리스크 패턴의 수준을 정해 놓고 그 한도 안에서 기대 수익이 높은 대안을 찾는 것이 좋다.

실행과 성찰

실행

노골적으로 말해 문제해결 과정에서 가장 어려운 것이 실행이다. 사실 생각의 과정은 익히기가 어렵지 일단 익히기만 하면 유능한 탐정이라도 되는 양 추적하는 재미를 느낄 수 있고 또 일류 건축가라도 되는 양 설계하는 즐거움을 맛볼 수 있다. 그런데 실행 단계는 결과 최적 해결책을 선택하는 방법에 대해 이런저런 조언을 했지만, 사실 비즈니스 현장에서 벌어지는 수많은 일을 정량적으로 분석하고 객관화할 수는 없다. '직관적 판단이 가진 맹점을 경계하면서 최대한 객관성을 가지는 것', 핵심은 이것이다. 20세기 말 전설이라고 할 만한 경영자 잭 웰치는 "잔인하다고 할 만큼 정직하게(brutally honest)"라는 말을 즐겨 사용했다. 일반적으로 긴박한 상황에서 중요한 판단을 내려야 하는 사람은 현상을 실상보다 좋게 보고, 자신의 역량을 실제보다 높이 평가하고, 자신의 생각과 다른 의견에는 귀를 막은 채 자기가 선택한 대안의 좋은 면만 보곤 한다. 성공 경험이 제아무리 많은 사람도 이런 오류를 피해가지 못한다. 그러면 어떻게 해야 최적의 해결책을 선택할 수 있을까? 생각의 도구를 배우고 분석적 기술을 훈련하는 것도 필요하지만 판단의 질을 좌우하는 것은 어떤 상황에서도 현실을 있는 그대로 보는 마음의 태도이다. 필자도 전략적 판단을 잘하기 위해 최선을 다했지만 결정적 순간에 조직 역량을 과신하여 큰 실패를 맛보았다. 이론 공부만으로는 안 되는 일이다.

여러 안 중에서 최적안을 선택해야 하는 조직의 리더가 알아야 할 사실이 있다. 부하 직원은 대안을 만들 때 대안 중에 리더의 취향상 선택하지 않을 수 없는 후보안 또는 반감을 부르지 않을 안전한 후보안을 끼워 넣는다는 사실이다. 실제로는 대안'들'이 아니고 단일안이라 할 수 있다. 이런 관행은 조직 내 편의적으로 일을 해도 된다는 시그널을 주게 되어 매우 위험하다. 제대로 된 리더라면 그냥 넘어가지 말고 반드시 질책해야 한다.

를 낼 때까지 수많은 반복과 시행착오를 견뎌야 하는 험난한 과정을 포함하고 있다. 또 관련되는 사람도 많아 이들 사이의 알력과 갈등, 이해관계 충돌과 같은 문제도 함께 얽혀 있을 수밖에 없다. 따라서 실행 단계를 성공적으로 이수하는 일은 개인 차원에서든 조직 차원에서든 아주 어려운 일이다. 다음은 조금이라도 시행착오를 줄였으면 하는 마음에서 실행 시 유의할 점을 정리한 내용이다.

현실적인 실행 계획을 세운다

한 학생이 물리학 분야 중에서 실험 물리학을 공부하기로 마음먹었다. 그래서 다음과 같이 추진해나갔다. 우선 실험 물리학의 권위자를 찾은 후 그들이 소속된 대학을 알아본 다음 그중 입학 가능한 목표 대학을 설정하였다. 입학 요강을 살펴보니 수능 성적과 대학 자체에서 실시하는 수학, 물리, 외국어 시험 성적이 중요했다. 특히 대학 자체에서 치르는 시험은 단순히 문제풀이 숙련도가 아닌 사고 능력을 평가하겠다는 것이므로 문제 유형별 요령을 익히거나 기출 문제의 성향을 분석하는 일은 무의미했다. 그에 따라 중요 개념에 대해 개인의 생각을 정리하면서 의문을 갖고 나름의 대답을 찾아가는 훈련에 집중하기로 했다. 외국어 시험을 대비해서는 영어로 쓰인 고전 문학을 두 작품 선정해 매일 일정 양을 읽고 영어로 소감을 쓴 후 인터넷상에서 친구에게 설명하기로 하였다. 과연 이 학생은 계획대로 실천했을까? 방향은 제대로 찾았지만 실행은 힘들겠다는 생각이 들지 않은가?

어떤 40대 남성이 건강을 위해 음식량을 줄이고 매일 운동을 하기로 결심했다. 음식은 매끼 밥 반 공기에 채소 종류와 콩을 재료로 한 반찬 세 가지, 단백질 섭취를 위해 고기 반찬 한 가지로 한정했다. 운동은 매일 아침 5시에 일어나 한 시간을 뛰고 근력운동에는 따로 한 시간을 투자하기로 했다. 이 계획은 일주일을 넘겼을까?

초등학생 때 방학을 앞두고 그린 시계 모양의 계획표대로 방학을 보낸 사람은 거의 없다. 며칠 지나 기상 시간이 뒤로 밀린 새로운 계획표가 그려지기 마련이다. 실행 계획은 무엇보다 현실적이고 지속가능해야 한다. 앞서 등장한 실험 물리학 진학을 준비하는 학생이라면 여태껏 문제풀이 요령을 익히던 습관을 단번에 벗어버리려고 해서는 안 된다. 스스로 생각하는 훈련도 단계가 필요하다. 처음에는 개인 교사를 구해 토론의 요령을 익히고 생각 키우는 법을 지도받는 것이 현실적으로 유익하다. 일별 공부 양이나 운동 시간 및 강도도 내일 무리없이 할 수 있는 수준으로 정한다. 하다가 재미를 느끼는 단계가 되면 자연스럽게 분량과 시간과 강도를 상향 조정하면 된다. 물론 이때도 억지로 하지 않을 정도만큼 한다. 특히나 운동은 처음부터 욕심을 낼 필요가 없다. 지속할 수 있는가가 관건이다.

인센티브와 처벌을 적절히 활용한다

본인의 행동에 대해 인센티브와 벌을 줌으로써 적절한 행동은 강화하고 부적절한 행동은 자제하도록 한다. 인센티브는 실행 지속성 면에서 개인과 조직 모두에게 중요하다. 필자는 과거 한 신문에서 흥미로운 세 컷짜리 사진을 본 적이 있다. 첫 번째 사진은 귀여운 강아지 두 마리가 사람이 내민 손에 앞발을 내밀고 있는 장면을 담고 있었다. 두 번째 사진은 두 마리 중 한 마리에게만 상으로 간식을 주는 장면을, 세 번째 사진은 사람이 내민 손에 간식 먹은 개는 앞발을 내밀고 간식을 못 먹은 개는 외면하는 장면을 보여주고 있었다. 칭찬의 말이든, 한 끼의 식사 대접이든, 금전적 보상이든 진정성 있는 고마움과 격려를 담고 있다면 무엇이든 괜찮다. 기계적인 금전 보너스로 돈의 노예로 취급당하는 불쾌감을 주는 인센티브는 차라리 없는 게 낫다. 영혼이 없는 칭찬도 물론 그렇다. 필자의 지인 중에 칭찬의 힘을 유난히 강조하는 사람이 있었는데, 알고 보니 모든 사람에게 별거 아닌 일에도 칭찬을 남발해 나중에는 '놀리나'하는 오해를 할 정도로 의미없이 느껴졌다. 입에 발린 말 대신 차라리 조용히 밥 한 끼 대접하는 게 힘 있는 인센티브이다.

개인 차원에서 처벌은 별다른 게 아니다. 바람직하지 않은 행동을 했을 때 느껴지는 언짢음, 자신에 대한 실망감 그 자체가 벌이다. 중요한 것은 그런 자책이 들 때 자신을 돌아보고 반복하지 않겠다는 다짐과 함께 다음에는 이렇게 하겠다는 행동 수칙을 정해 놓는 것이다. 조직에서도 당연히 진정성 있는 인센티브와 바람직하지 않은 행동에 대한 처벌이 중요하다.

실행 제약요인과 강화요인을 파악한다

조직일 경우, 해결책 자체는 쉽지만 실행은 매우 복잡해지는 상황이 자주 발생한다. 조직 자체가 시스템의 일종이기 때문이다. 시스템 내 수많은 개체는 상호작용한다. 그리고 그 결과는 비선형적이기 때문에 개체의 행동 하나하나를 설명한다고 시스템 전체의 반응을 설명할 수는 없는 상황이 조직에서 전개되는 것이다.

앞서 등장한 사례 중 엔지니어를 추가 투입해 개발 모델 수를 늘리려고 했던 경우를 떠올려보자. 엔지니어가 늘어도 개발 모델의 수가 그만큼 늘지 않은 이유를 알아보았더니 신입 엔지니어를 교육할 고참 엔지니어들이 꽉 찬 일정으로 시간을 낼 수 없었기 때문이었다. 고참 엔지니어의 부족한 시간이 실행을 방해하는 제약요인이었다. 그 결과 인원을 늘렸음에도 매출 정체로 수익성이 악화되고 심지어 다른 사업부로 일부 인원을 전환배치해야 할 상황이 되었다. 사실 고참 엔지니어의 부족한 시간만 제약요인이 아니었다. 빈약한 시험 장비, 소프트웨어 개발관리 시스템 용량 부족 등 다른 제약요인도 있었다. 만약 신입 엔지니어를 뽑기 전 고참 엔지니어들이 지금껏 축적한 작업 관련 노하우를 정리하고 문서화하여 개발 시험을 효율화하는 방법을 고민하는 시간을 가졌더라면 어떻게 됐을까? 시간적 여유가 생긴 고참 엔지니어의 도움을 받아 신입 엔지니어가 단기간에 개발 모델 수를 늘리는 데 기여했을지도 모른다. 그 결과 매출과 수익이 늘고 덕분에 소프트웨어 관리 시스템에 대한 추가 투자도 가

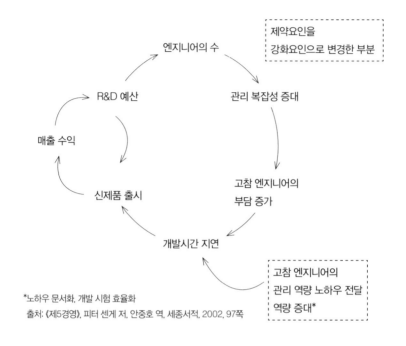

제약요인을
강화요인으로 변경한 부분

엔지니어의 수

R&D 예산

매출 수익

신제품 출시

관리 복잡성 증대

고참 엔지니어의
부담 증가

개발시간 지연

고참 엔지니어의
관리 역량 노하우 전달
역량 증대*

*노하우 문서화, 개발 시험 효율화
출처: 《제5경영》, 피터 센게 저, 안중호 역, 세종서적, 2002, 97쪽

능해져 엔지니어를 추가로 더 뽑고 이는 또 매출 상승과 수익 개선
으로 이어지는 선순환이 만들어졌을지도 모른다. 위 그림은 이 내용
을 정리한 것이다. 이처럼 조직 차원의 실행을 추진할 때는 제약요인
과 강화요인을 미리 파악하고 이에 대한 대책을 실행 계획의 일부로
반영해야 한다. 또 외부 이해관계자의 반응도 예상해 계획에 미리
반영해야 한다는 점도 다시 강조한다.

일단 실행하고 고친다

'아무리 좋은 전략도 첫 교전 이후까지 살아남지 못한다'는 유명한 말이 있다. 해결책이 아무리 좋아 보이고 이것저것 다 감안했다 하더라도 실제 상황에 들어가면 안 맞는 경우가 많다는 의미일 것이다. 그래서 실행 계획을 잘 세우는 것도 중요하지만 더 중요한 것은 신속하게 시도해보고 수정하는 것이다. 요즘처럼 변화 속도가 빠른 세상에서는 복잡하고 불확실한 문제일수록 해결책과 실행 계획을 차근차근 준비하려고 해서는 곤란하다. 최단 시간 가장 적은 비용으로 해결책을 입안하고 해결책의 프로토타입을 만들어 실행해본 후 결과를 놓고 계속할지 다른 방법을 찾을지 정하는 것이 최선이다. 이러한 방식을 급속 프로토타이핑Rapid Prototyping, 영어로 앞글자만 따서 RP라고 부르는데 기술 창업계에서는 잘 알려져 있는 단어이다. 개인이나 조직이나 알아둘 만한 실행법이다.

조직 구조와 운영 방식을 정비한다

실행 계획을 잘 세우고 실행도 성공적으로 마치려면 실행 방향에 맞춰 조직 구조와 운영 방식도 손봐야 한다. 누가 어떤 일의 책임자인지를 분명히 하면서 방법 선택에 대해서 책임자의 권한을 최대한 인정하되, 시한과 기대하는 결과가 무엇인지 정확히 전달한다. 조직의 상벌제도, 해결책 및 실행도 제각각이어서는 안 된다. 필자는 과거한 사업부를 맡았을 때 이런 말을 들은 적이 있다. '본사 연구소에서 아무리 좋은 기술을 개발해도 사업부 개발팀은 외부 기술을 사용한다.' 알고 보니, 사업부 개발팀 내 기술담당 파트는 외부 기술을 구입하면 본인 부서 실적으로 반영되지만 본사 연구소 기술을 사용하면 본사 연구소 실적으로 올라가게 되어 있었다. 물론 외부 기술을 사는 이유가 부서 이기주의만은 아니었다. 본사 연구소 기술이 부서가

급속 프로토타이핑

원래 하드웨어 부품이나 반조립품 등을 3D 프린팅 종류의 기술을 통해 빨리 만들어 보고 실용성 내지 적용성을 시험해보는 데서 출발했다. 그러나 지금은 어느 분야를 막론하고 아이디어를 형상화해 최대한 빨리 기술적 타당성을 검증하는 기법이 되었다. 고객 반응을 살필수 있도록 최소한의 기능만 구현한 시제품, 즉 최소요건제품Minimum Viable Product은 급속 프로토타이핑의 대표적 예로, 시장성을 테스트하는 데 많이 쓰인다. 급속 프로토타이핑은 세계적인 디자인회사 아이디오IDEO와 스탠포드 대학의 디스쿨dschool(아이디오 창업자가 주도)이 중심이 되어 발전시켜온 디자인 씽킹의 방법론이기도 하다. 디자인 씽킹이 말하는 고객 가치에 대한 근본적 질문과 상상력 넘치는 문제해결 아이디어 발상, 급속 프로토타이핑, 신속한 개발을 위한 M&A 등의 개념은 실리콘밸리로 대표되는 현대 기술 벤처 창업의 가장 대표적인 상품개발 방식이라고 할 수 있다.

참조: 《디자인에 집중하라》, 팀 브라운 저, 고성연 역, 김영사, 2019

원하는 수준에 미치지 못하는 경우도 있었다. 이렇듯 실적 평가와 실행 방법을 비롯해 여러 톱니가 잘 맞물리는지 살펴봐야 한다.

많은 회사가 말로는 개인의 업무 주도를 권장한다. 그러나 개인이 실제로 소신을 갖고 일을 추진하다가 무언가 잘못되었을 때 회사가 알게 모르게 눈치를 주고 비난을 가한다면 누가 업무를 주도하려고 할까? 또 개인이 자기주도적으로 일을 추진해 성공시켰을 때 당사자에게 공이 돌아가기보다는 그의 상사가 칭송을 받고 승진을 한다면 그것이 앞과 뒤가 맞는 회사 운영일까?

정기적으로 점검한다

실행은 점검이 중요하다. 그것도 정기적으로 한다는 데 방점이 있다. 미리 어떤 방법으로 어떤 주기로 실행 상태를 점검할지 정해 놓는다. 실행 점검 계획은 조직의 경우 실행자가 직접 세우는 것을 원칙으로 한다. 실행할 사람에게 자율성을 부여하는 것이 점검 효율성과 책임감 부여 면에서 효과적이기 때문이다. 조직 리더의 역할 중 하나가 이처럼 실행 책임자를 정하고 그로 하여금 스스로 실행하도록 기회를 주는 것이다.

성찰

성찰이 필요한 이유는 간단하다. 아무리 우리의 이해가 과학적 방법을 거쳤다 해도 결국 한정된 샘플을 대상으로 검증한 것이기 때문에 실체와 다를 수 있기 때문이다. 또한 우리의 인지구조로는 현실의 복잡성과 작동원리를 다 파악할 수 없는 데다 수많은 편향을 갖고 있기 때문이다. 따라서 어떤 근거에 따라 문제를 정의하고 해결책을 찾았다 해도 이것이 정말 맞는 문제 정의이고 해결책인지 처음부터 확신할 수는 없다. 유일한 방법은 실행해보는 수밖에 없다. 결과가 기대치보다 좋으면 좋은 대로 나쁘면 나쁜 대로 원인이 무엇인지, 가정 중에 잘된 것은 무엇이고 잘못된 것이 무엇인지, 그때 왜 그렇게 생각했는지 확인해보는 과정이 필요하다. 자신의 능력과 조직의 실행 능력을 제대로 평가했는지, 상대의 의지를 얕잡아보지는 않았는지도 살펴봐야 한다. 경우에 따라서는 생각의 프레임까지 내려가

📓 업무노트

어떤 회사가 세상에 없던 콘셉트의 제품을 출시하여 오랫동안 공들였으나 별 성과를 보지 못했다. 그러다 2세대 제품을 선보이자마자 대히트를 쳤다. 이에 회사에서는 '시장 창조형 이노베이션'의 예로 분류해 사례연구를 실시하였다. 그런데 연구팀이 결과를 보고하던 중 뜻밖의 내용이 흘러나왔다. "1세대 제품에서 도출된 소비자들의 불만사항을 기대 이상으로 해결하였던 것이 성공 요인이었던 것 같다. 그런데 조사를 하다 보니 명백히 실패작이었던 1세대 제품의 프로젝트 참가자가 이 성과에 숟가락을 얹으려고 한다." 보고가 앞 문장에서 끝났어도 사례연구 결과는 충분했을 것이다. 하지만 세상에 없던 제품을 구

생각할 필요도 있다. 핵심은 다양한 각도에서 성찰하라는 것이다.

눈에 보이는 것이 다가 아니라는 말은 사업 세계에도 그대로 통용된다. 현재 진행 중인 사업의 당해 결과를 100이라 한다면 어떤 요소가 가장 기여도가 클까? 필자의 경험에 의하면 해당 사업의 기본적인 전략적 입지와 조직 건강도가 50, 전임자가 취한(또는 취하지 않은) 조치의 효과가 30, 올해 내가 취한 조치의 효과가 20이다. 근본적인 문제를 다루는 경우라면 올해 내가 취한 조치의 효과는 통상 3~4년 지나야 결과가 나온다. 그럼에도 올해 결과가 괜찮으면 내가 잘해서 그런 거라고 착각한다. 성찰 시 이러한 사업의 생리를 염두해 둘 필요가 있다.

상하고 내놓았던 1세대의 도전과 노력이 있었기에 이런 제품이 세상에 나올 수 있었다고 봐도 되지 않을까? 사실 근본적 이노베이션이 활성화되려면 이런 실험적 시도 자체가 조직 내 많은 사람으로부터 높은 평가를 받아야 한다. 그런데 이렇게 생각하는 사람은 의외로 적었다. 실패는 실패이고 미화하면 안 된다는 것이었다. 어찌됐건 사례 발표는 '이노베이션이 성공하려면 실험적 아이디어가 상품화되어 시행착오를 겪으면서 완성도를 높일 수밖에 없다'는 사실에 모두 공감하며 마무리됐다. 성공과 공적을 보는 관점이 이렇게 다양할 수 있다는 사실을 새삼 깨닫는 시간이었다.

모두 알지만 거의 주의하지 않는 인간의 성향이 있다. 바로 잘되면 내 덕, 못되면 남 탓하는 그것을 말한다. 이를 인간의 본성으로 치부해 어쩔 수 없다고 한다면 본인의 성장을 바라서는 안 된다. 문제는, 사회적 지위가 높은 사람이 이런 태도를 갖기가 쉽다는 것이다. 주변에 '너 자신의 탓'이라고 직언해주는 사람이 없기 때문이다. 따라서 조직의 리더일수록 본인에게 냉철하고 엄격할 필요가 있다. 남 탓하지 말라고 본인 스스로에게 충고해야 한다.

다시 한번 잭 웰치의 '잔인하다고 할 만큼 정직하게'라는 말을 상기하자. 현상과 결과를 볼 때 자존심, 상처를 생각하지 말고 용감하게 볼 수 있어야 개선의 가능성이 있다. 혼자 하는 것도 좋지만 더 좋은 것은 관련자들이 모여 실행 결과에 대해 열린 마음으로 논의하는 것이다. 가급적이면 모두 다른 전문 분야에서 일하고 성향도 각각인 사람이 모이면 더 좋다. 책임을 묻는 자리를 마련하라는 것이 아니고 지금처럼 해결책을 계속 실행할지, 성찰 결과를 반영해 해결책과 실행 계획을 수정할지 또는 실행 체제를 보강할지를 비판적으로 토론하여 방향을 설정하는 자리를 가지라는 것이다.

한국의 기업문화에서 힘든 것 중 하나가 중요 프로젝트가 끝났을 때 반성의 시간을 갖는 것이다. 책임자가 문책성 감사를 받는 자리거나 또는 아예 자리에서 물러났으면 모를까 당사자가 있는 자리에서 무엇은 잘했고 무엇은 잘못했고 앞으로 이런 점은 개선하라는 말을 하기란 결코 쉽지 않다. 게다가 체면을 중시하는 문화에, 문제가 생기면 책임지고 불이익을 감수해야 하다 보니 자칫하면 원수가 되기 십상이다. 이러니 얘기가 겉돌고 제도를 개선하는 등의 근본적 해결책까지 가기는커녕 비슷한 일만 되풀이된다. 매번 문책성 인사로 일을 마무리하는 관행은 지양해야 한다. 개인에게 책임을 묻기 전에 근본문제가 무엇이었는지를 찾아보자.

11장 목표 추구형 문제의 해결

목표 추구형 문제는 '2025년까지 화성에 사람이 사는 정착지를 만든다'처럼 목표를 제시하고 이 목표를 달성하는 데 필요한 과제를 파악한 후 파악된 과제를 풀 해결책을 만드는 활동이다. 어떻게 보면 진짜 문제를 파악하고 이를 해결하기 위한 활동을 벌이는 현상 타개형 문제해결 과정과 비슷한 면이 있지만, 문제 제기 자체가 다르다는 차이점이 있다.

현상 타개형에서는 현재의 불만스러운 현상이 문제로 제기되는 반면, 목표 추구형은 어떤 목표를 달성하는 데 중요한 과제를 문제로 제기한다. 출발점이 다르다.

문제의 정의: 목표 설정과 목표 달성을 위한 과제 분석

목표의 설정

목표 추구형 문제해결 과정의 출발점은 달성하고자 하는 목표가 무엇인지를 명확히 하는 것이다. 목표를 어디에 두느냐에 따라 해결책의 폭과 깊이가 달라진다. 목표를 설정할 때 유용한 몇 가지 지침을 다음과 같이 정리해 본다. 이것은 팀으로 일할 때나 개인으로 일할 때나 항상 유념해야 할 사항이다.

구체적보다는 포괄적이고 개념적인 목표에서 시작한다

반복하지만, 문제해결 과정에서 가장 신경 써야 할 것은 진짜 문제를 찾는 것이다. 그러나 리더가 조직 역량을 어디에 쏟을지 고민할 때 가장 많이 하는 실수가 바로 진짜 문제를 파악하지 못하는 것이다. 신제품을 출시했는데 수익성이 턱없이 기대에 못 미치는 상황이 벌어졌다. 그런데 리더는 전체 상황을 미처 다 파악하지 못한 상태에서 구체적인 지시를 내린다. "판매가 대비 재료비가 너무 높다. 재료비를 확 낮추는 방법을 찾자." 리더가 이렇게 상세하게 지시사항을 전달하면 누구도 실제 상황을 보고하지 못하고 엉뚱한 노력만 하게 된다. 실제로는 제품 완성도가 떨어져 시장의 외면을 받아왔고 그나마 대폭 할인을 통해 판매 목표를 유지하고 있는 차였는데 말이다. 리더가 그냥 '마진을 높이는 방법을 찾자'라고 포괄적인 목표만 제시했으면 진짜 문제에 가까이 갔을 가능성이 높다.

한편 처음부터 특정 해결책을 염두에 둔 구체적 목표는 해결책을 찾는 공간을 협소하게 만든다. 인지심리학자 김경일 교수는 "이노베이션을 활성화하고자 하는 리더에게 딱 한 가지만 조언한다면, 목표를 애매하게 제시함으로써 해석의 여지를 크게 주라고 하겠다"라고 말했다. 그렇다면 원가를 줄이자 보다는 '이익을 늘리자', 특정 제품의 매출을 늘리자 보다는 '이 시장의 지배적 사업자가 되자', 수송비를 줄이자 보다는 '시스템 전체의 물류 비용을 줄이자'라고 말하는 것이 더 좋은 목표 제시 방법이다.

목표 수준을 높게 설정한다

놀랄 만한 이노베이션을 이룬 조직이나 개인의 공통점은 목표 수준이 높다는 것이다. 단순히 높은 수준이 아니라 지금의 방식으로는 도저히 방법을 찾을 수 없을 정도로 높다. 어느 회사의 고위임원 대상 의무적 교육과정 참가율이 50%가 안되었다. 매년 의무적으로 참가해야 하는 교육인데 무슨 이유일까? 이들의 참가 의향을 조사해 보니 사정이 있는 5%를 제외한 나머지 95%는 참석하겠다는 의지를 밝혔다. 그렇다면 절반도 안되는 참가율은 어찌된 영문일까? 나중에 밝혀진 바로는 '맡고 있는 일이 우선이라 시간을 낼 수 없다'는게 큰 이유였다. 이런 배경에서 참석률을 50%에서 60%로 올린다는 목표는 어떤 방법을 쓰더라도 달성하지 못할 것이 분명하다. 고위

임원은 일반 직원보다 책임과 영향력이 크다. 그들이 담당하는 고도의 의사결정 업무는 매뉴얼이 있는 일반 직원의 업무와는 성격이 다르다. 그래서 그들에게는 자기주도 하에 시간을 통제할 수 있는 권한을 준다. 고위임원의 이러한 특수성을 알면 교육 불참의 원인이 달리 보일 것이다. 주된 원인은 교육 참석을 그들의 일로 생각하지 않는다는 것이다. 교육 참석은 그들의 책임 순위에서 하위에 있다. 홍보, 안내 강화나 교육 내용 개선 등이 큰 효과가 없었던 것도 이제 이해가 간다. 회사가 고위임원의 교육이 중요하다고 생각하면 100% 출석률을 달성할 방법을 찾아야 한다. 어떻게? 예컨대 불참할 경우 출석 횟수에 상관없이 개인이 낸 거액의 수업료를 전액 돌려받지 못하게 하거나 CEO가 출석을 직접 독려함으로써 그들의 우선순위를 근본적으로 바꾸는 식을 생각할 수 있다.

가슴 뛸 만큼 의미 있는 목표여야 한다

원가 30% 절감하자는 목표보다는 '세계에서 가장 원가 경쟁력있는 제품을 만들자' 또는 '모든 사람이 사고 싶을 만큼 매력적인 제품을 만들자'라는 목표가 더 가슴에 와 닿지 않는가? NASA가 내건 '1960년대가 끝나기 전에 달에 인간을'이나 애플이 선언한 '모든 가정에 개인용 컴퓨터 한 대씩을'과 같은 목표는 놀라운 결실과 함께 많은 사람에게 영감의 원천으로 작용했다. 필자도 개인적으로 다음 '업무노트'에 있는 사례처럼 가슴 뛰는 경험을 한 적이 있다.

2000년대 말 LG그룹은 10년 뒤 먹거리를 찾고 있었다. 회사가 가진 역량으로 개척할 수 있는 신사업 분야가 어디일까 찾다가 유력한 후보로 전기차가 선정되었다. 당시 LG는 기존 자동차 제조사와 자동차 부품사에게는 없었던 2차 전지기술, 모터기술, 전장기술을 가지고 있어 잘만 하면 확실한 경쟁우위를 점할 수 있겠다 싶었다. 그러나 여러 시장조사 기관이 내놓은 전망을 보니 전기차 시장은 대체로 회의적이었다. 낙관적이라 해봐야 '2020년에 전 세계 30만 대 수요'가 있으리라 본 전망이 다였다. 50만 대는 전 세계 수요량을 1억 대라고 했을 때 0.5%에 해당되는 숫자였다. 시장조사 기관이 이렇게 본 데는 전기차 배터리 가격을 낮추기가 쉽지 않을 것 같고 한 번 충전으로 갈 수 있는 주행거리가 만족스러운 수준에 이르기까지 장기간 소요되리라 예상했기 때문이다.

유럽의 자동차 제조사는 '클린 디젤이 미래'라고 보고 있었고 미국 자동차 제조사는 구조조정에 정신이 없었다. 일본 자동차 제조사는 한두 회사가 하이브리드에 열을 올릴 뿐, 나머지는 휘발유차 증산에 여전히 바빴다. 그래서 LG는 전기차 수준이 어느 정도이면 주류 고객층의 구매욕을 자극할 수 있을지 조사해보았다. 그 결과 어떤 조건이든 한 번 충전에 200마일을 가고 휘발유차보다 저렴해야 했다. 당시만 해도 한 번 배터리 충전으로 한여름에 에어컨, 한겨울에 히터 가동을 하면서 200마일을 간다는 것은 기술 수준으로 봤을 때 얼빠진 소리였다. 히터를 엔진열로, 에어컨을 엔진의 회전으로 가동하는 휘발유차에 비해 확실히 불리한 조건이었다. 게다가 전지 원가가 높은 것도 문제였다. 조사기관이 2020년 중급 전기차 가격을 10만 달러 이상으로 전망한 데는 전지 가격도 한몫하고 있었다. LG는 시장조사를 마치고 관련 사실을 숙고한 후 다음과 같이 결론지었다. "시장 전망치만 쳐다볼 게 아니다. 우리가 시장을 만들자. 한 번 충전으로 어떤 조건에서도 200마일 가는 3만 달러 대 가격의 전기차를 만들자. 그러면 전 세계 연 30만 대가 아닌 1천만 대 시장이 열릴 것이다." 그래서 탄생한 프로젝트가 'VISTA 프로젝트'이다. 관계자가 모두 모여서 시스템 디자인을 궁리하면서 전지는 전지대로, 모터는 모터대로, 컴프레서는 컴프레서대로, 전력 컨트롤 시스템은 시스템대로 높디높은 목표를 향해 전력 질주했다. 처음에는 불가능해 보이던 일이 많은 실험과 시행착오를 거치면서 현실이 되었고 GM과 공동 프로젝트를 진행하는 결실을 맺었다. 그리고 2010년대 후반이 됐을 때 2000년대 말의 꿈은 성취되었다. 그리고 LG는 전기차 분야에서 주요 솔루션 플레이어로 올라섰다.

비스타 프로젝트 결과물이 처음 적용된 GM 볼트

출처: GM

목표 달성을 위한 과제 분석

앞서 등장한 화성 정착지 건설 프로젝트의 과제 분석을 떠올려보자. 운송 체계(우주선)의 개발, 정착지 건설 디자인, 사회적 안정 장치 등 세 가지가 핵심 과제였다. 먼저 각 과제를 다루기 쉬운 수준까지 하부 전개를 한다. 예컨대 운송 체계의 하부 과제로 추진 체계, 생명 유지 장치, 방사선으로부터의 보호 장치, 장기간 무중력 비행 시 건강 유지 장치 마련이 도출되었다. 이제 각각의 하부 과제에 대해 예비적 요건을 정리한다. 추진 체계를 예로 들자면, '8명의 우주인과 건설 장비를 포함해 전체 무게가 2천 톤에 달하는 우주선을 화성까지 왕복하고도 한 번의 편도 비행이 가능해야 한다'가 예비적 요건일 수 있다. 장기간 여행에 필요한 생명 유지 장치나 무중력 문제, 방사선 대책 등은 우주 정거장 운영 경험으로 축적한 노하우로 풀어가면 될 일이다. 따라서 세 가지 핵심 과제 중 하나인 '운송 체계의 개발'에서 가장 중요한 하부 과제는 추진 체계 개발로 파악되었다.

또 다른 예로 바로 앞에서 나왔던 비스타 프로젝트를 과제 분석해보자. 한 번 충전으로 어떤 경우에도 200마일 가는 차를 만들기 위해서는 에너지 밀도 높은 배터리 개발, 전력 효율 높은 냉난방 방식의 개발, 경량 소재의 개발, 전력 효율 높은 동력시스템 개발 등 네 가지 과제가 해결되어야 한다. 이 중에서 '에너지 밀도 높은 배터리 개발'을 하부 전개해보면 에너지 밀도를 높일 수 있는 양극재, 음극재, 전해물질 발견이라는 구체적 과제가 도출된다.

해결책의 입안: 개선 vs 새로운 개념설계

목표 달성에 핵심적인 과제가 구체적으로 정리되면 이에 대한 해결책 대안을 찾는다. 200마일을 가는 전기차를 개발하려면 에너지 밀도 높은 배터리 시스템 개발, 전력 효율 높은 냉난방 방식의 개발, 경량 소재의 개발, 전력 효율 높은 동력시스템 개발 등 네 가지 과제가 중요했다. 각 과제에 대한 해결책을 만들 때 해결책의 개념설계를 어떻게 할 것인지를 결정해야 한다. 다시 말해 해결책의 내용과 구조, 중요 기술, 구현 방식 등을 포함하는 밑그림을 기존의 것을 활용해 그릴지, 아니면 제로 베이스에서 처음부터 새로 그릴지 정해야 한다. 기존의 개념설계 방식에 따를 때 해결에 이르면 다행이지만 그렇지 않을 경우 새로운 개념설계부터 고민해야 한다.

비스타 프로젝트는 다행히 완전히 새로운 개념설계를 채택할 필요가 없었다. 다만 리튬 이온 배터리 기술은 에너지 밀도를 높이는 데 이론적 한계가 있었던 데다 기술력을 최대한 발휘한다 해도 에어컨이나 히터를 사용할 경우 200마일 운행은 불가능했다. 다른 배터리 기술도 조사해 보았지만 에너지 밀도는 좋은 반면 안전성이나 충전성에 문제가 있는 등 향후 10년 내 실용화할 가능성은 낮았다. 이에 배터리 기술에 대한 탐색 연구는 계속하면서 동력 모터, 에어컨용 컴프레서, 전력 히터, 전장시스템 등 전기 소모가 많은 시스템의 전력 사용 효율을 획기적으로 높일 수 있는 방법을 찾기로 했다.

이렇게 고전하면서 여러 조건에서 시뮬레이션 해본 결과 배터리 성능의 획기적 향상과 함께 모터 및 에어컨 효율이 두세 배 이상 향상돼야만 목표에 이를 수 있다는 사실에 도달했다. 다행히 이 프로젝트에서는 기존의 리튬 이온 배터리 기술을 기반으로 한 성능 뿐만 아니라 다른 시스템들의 성능도 함께 개선되면서 전체 목표를 달성할 수 있었다.

완전히 다른 개념설계를 제시한 상품의 대표적인 예로 앞서 나온 애플의 아이팟을 들 수 있다. 아이팟 이전 수많은 MP3 기기가 기기 자체로서는 훌륭했지만 음악을 고르고 사고 다운로드하고 선택해 듣는 과정이 불편한 것이 사실이었다. 많은 기업이 사용자 위주의 편리한 MP3 기기를 개발하려고 애썼다. 그러나 화면 크기를 키우거나, 컨트롤 스위치 위치를 바꾸거나, 메모리 용량을 키우는 등 기존의 개념설계 방식에 기초한 개선 수준에서 벗어나지 못했다. 게다가 여전히 사용자는 무료 사이트에서 재주껏 음악 파일을 다운받아야 했다. 이는 상당한 네트워크 지식이 없고 시간적 투자를 할 수 없는 일반인으로서는 MP3 기기로 음악을 향유할 수 없다는 의미였다. 또한 업체 간 경쟁이 심해지자 보통의 소비자는 쓰지 않는 기능을 탑재하는 식으로 제품 차별화가 이뤄졌고, 그 결과 MP3 기기는 비싼 가격에 사용법은 까다로운 제품이 되어 갔다. 애플은 상품 개념을 사용자 관점으로 완전히 바꾸었다. 최초의 아이팟은 깜찍한 디자인에 간단한 조작법을 가진 개선된 MP3 기기처럼 보였다. 애플 마니

아가 주 사용자였다. 하지만 아이팟은 진화에 진화를 거듭했다. 터치 스크린을 기본 인터페이스 장치로 채택하고 매킨토시 컴퓨터에서 사용하는 아이콘으로 소프트웨어나 콘텐츠를 고르게 하면서 아이튠즈를 통해 한 곡당 1달러 가격으로 다운받을 수 있게 함으로써 MP3 기기의 완전히 새로운 개념 설계를 보여주었다. 음악을 좋아하는 누구라도 쉽게 음악을 고르고 사서 들을 수 있게 된 것이다. 또한 콘텐츠 저작권자에게도 확

실한 수입원을 보장해줌으로써 창작 생태계 전체에 활기를 불어넣었다. 흔히 아이폰을 대단한 이노베이션이라 하지만 필자가 보기에는 후기 아이팟에서 대부분의 개념설계가 완성되었다. 아이폰은 셀룰러 통신 모듈을 추가한 제품에 불과하다.

목표 추구형 문제 중에는 새로운 고객 가치 제시보다는 획기적으로 낮은 원가를 목표로 하는 것이 많다. 이 경우 기존 개념설계에 따르기도 하지만 완전히 새로운 개념설계에 도전하기도 한다. 앞서 나온 자동차산업 사례로 돌아가보자. 제품의 구조부터 생산, 구매, SCM 전반을 완전히 재설계하여 가격을 대폭 낮추었다. 자동차회사는 고객을 다양하게 세분화시켜 이에 맞게 차종을 생산한다. 따라서 세분화 횟수에 따라 차종의 수도 비례할 수밖에 없다. 그렇다면

부품 조달은 어떻게 할까? 각 차종에 따라 부품도 각각이라면 조립 시간과 관리 비용이 만만치 않을 것이다. 과거에는 부품의 공동 사용률이 지극히 낮았다. 예를 들어 10개 차량 모델을 생산한다고 하면 두 개 모델에서 헤드램프 A를 공동 사용하고 다른 두 개 모델에서 헤드램프 B를 공동 사용하고 나머지 여섯 개 모델은 디자인 문제로 각기 다른 헤드램프를 쓰는 식이었다. 그런데 이제는 공동 플랫폼 기반 설계를 행하여 차종 수를 유지하면서도 주요 부품을 최대한 공용화·모듈화하였다. 헤드램프 모듈은 전 모델 공히 한 종류를 쓰면서 램프 주변 장식으로 모델별 차이를 두는 식으로 바뀐 것이다. 최근에는 한두 개 플랫폼에서 10개가 넘는 차종을 만드는 경우도 드물지 않다. 이렇게 되면 부품 종당 대수가 크게 늘어 단위당 원가와 금형 투자비를 대폭 낮출 수 있을 뿐 아니라 공급망 사슬 전체에 걸쳐 재고를 최소화해 보다 유연하게 수요 대응을 할 수 있게 된다.

그렇다면 사업 현장에서 목표 추구형 문제를 만났을 때 어떻게 하면 앞의 사례처럼 고객에게 완전히 새로운 가치를 제공할 수 있을까? 그리고 어떻게 하면 기존 제품이라도 획기적으로 낮은 가격으로 선보일 수 있을까? 안타깝지만 여기에 왕도는 없다. 수많은 고민과 시행착오를 거쳐야 가능하다고 말할 수 있을 뿐이다. 다만 발상을 하는 데 조금이라도 도움을 주고자 몇 가지 유용한 접근법을 소개한다.

고객 가치 내지 고객 경험에서 출발해본다

어느 가전업체가 자사의 시장점유율을 크게 높이려면 무엇이 중요할지를 놓고 고민한 끝에 고객에게 절대적 지지를 받을 수 있는 차별적 상품을 개발하는 것이 중요하다는 결론을 내렸다. 그래서 자사 생산품 중 가정용 에어컨을 샘플로 선정해 어떤 차별화가 가능한지 연구하기 시작했다. 미세먼지 문제가 심각한 요즘 공기청정기 판매가 급격히 늘었다는 사실에 착안, 현재 출시된 에어컨을 살펴보았다. 지금의 에어컨도 환기 기능이 있긴 있었다. 그러나 냉온 기능과 비교하면 부가 기능이었고 필터도 자주 갈아야 하는 불편함이 있었다. 이에 '온종일 스스로 환기와 냉방을 조절하고 필터 관리도 손쉬운 에어컨이 있다면 고객이 호응하지 않을까'하는 생각이 떠올랐다. 이것이 고객 가치(고객 경험)에서 출발하는 접근법이다. 다시 말해 '그런 거라면 나도 사서 쓰겠다'는 공감을 발판으로 삼는 방식이다. 차별화된 상품을 만든다고 고객 가치 아이디어Primary Customer Value에만 골몰해서는 안 된다. 제한 조건Boundary Conditions도 함께 생각해야 한다. 예컨대 새로 개발한 에어컨은 종일 사용해도 전기 소모가 기존 에어컨보다 20% 이상 높으면 안 된다, 유지 보수비 포함 판매가격은 동일해야 한다, 소비자는 필터 교체에 신경 쓸 필요가 없어야 한다 등의 조건도 충족시켜야 한다.

발뮤다 사는 고객 가치에서 출발해 성공을 거둔 이노베이션의 대표적 사례이다. 이 회사가 만든 제품을 보면 토스트기, 선풍기, 공

발뮤다 사의 제품

BALMUDA The Pure BALMUDA The Light BALMUDA The Toaster BALMUDA The Pot

GreenFan S GreenFan GreenFan Cirq AirEngine

Humidifier Battery&Dock

출처: 발뮤다 홈페이지

기 청정기 등 소위 중국산 초저가가 범람하는 사양산업의 제품이다. 이런 시장에서 발뮤다 사는 '죽은 빵도 살리는' 토스터기, '자연 바람처럼 기분 좋은' 선풍기처럼 독특한 가치를 지닌 제품 개발에 집중한다. 좋은 제품이란 무엇인지를 고민하고 이를 위해서라면 원가나 기존 제품 구조에 개의치 않는다. 일례로 버뮤다 사가 만든 자연바람 선풍기는 14개 날개에 2중 팬 구조로 되어 있어 바람 닿는 면적이 넓을 뿐만 아니라 특수 모터로 설계해 소음도 최소화했다. 가격은 일반 선풍기보다 몇 배 비싸다. 그런데도 매출은 계속 상승한다.

디자인 씽킹에서 말하는 '극단의 고객Extreme Customers'을 찾는 것도 고객 가치에서 출발하는 방식이다. 극단의 고객이란 만족 기준이 비상식적이라고 할 만큼 까다롭고 높은 고객을 말한다. 예를 들어 에어컨 제품에 불만을 토로하면서 '왜 바람 강도를 아무리 낮춰도 바람 소리가 크게 나느냐, 직접 바람을 맞기 싫은데 천정을 따라 냉기가 퍼지면 왜 안되느냐' 등 수많은 까다로운 요구와 비판을 가하는 고객이 바로 극단의 고객 유형이다. LG 내에서 극단의 고객에 대한 의견은 둘로 나뉘었다. '극단의 고객' 목소리는 흘러들어야 한다고 주장하는 사람은 '그들의 요구사항을 모두 해결하려면 노력은 둘째 치고 원가가 만만치 않은 데다 우리의 주 고객은 전혀 상관하지 않는 요소들이다, 괜히 헛된 힘 쓰지 말자'고 목소리를 높였다. 극단의 고객 찬성론자는 '극단의 고객이 원하는 조건을 모두 충족시키는 상품 내지 서비스를 별다른 가격 상승이나 부작용 없이 제공할 수 있다면 그야말로 대박 아니냐'고 반문했다. 한 가지 확실한 것은, 고객의 대부분은 지금 있는 제품을 기술과 원가 면에서 최선이려니 하고 받아들일 뿐 혁신제품, 새로운 기능, 감각적인 디자인의 가치를 모르는 것이 아니라는 사실이다.

'이런 거면 나도 사겠다' 발상과 '극단의 고객' 연구를 통해 아이디어가 도출되면 이를 기술적·상업적으로 구현한 다음 신속하게 프로토타입을 만들어 기술적 타당성과 소비자의 반응을 테스트한다. 이런 과정에서 물리적 상품이 서비스 상품으로 전환되는 경우도 있다. 새로운 콘셉트의 에어컨을 테스트하면서 수집한 데이터를 분석해봤더니 에어컨 기기를 파는 것보다 에어컨을 통해 쾌적한 실내 공기를 파는 것이 사업적으로 이득이라는 판단을 내릴 수도 있는 것이다. 정수기 렌탈 서비스도 이와 비슷하다. 이렇게 해서 시장성·기술성 검증을 통과하면 생산 및 공급망을 구축해 판매에 들어간다.

고객 가치에서 출발하는 이노베이션

- ~한 게 있으면 나라도 살 텐데
- 이 상품의 ~측면이 불편해서 이것만 해결되면 살 텐데
- 현재 너무 비싸 상위 1%만 쓰는데 ~서비스를 3분의 1 가격에 제공할 수 없을까

- 제1의 가치(조용하고 미세먼지 없애는 에어컨)
- +α (가격이 지금보다 비싸지 않고 에너지 소비는 30% 이상 좋다)

- 다양한 고객 가치 실현 아이디어
- 프로토타이핑
- 사업 및 기술 타당성 검토

기술이나 아이디어 씨앗에서 출발해본다

평소 제품에 적용되면 좋겠다는 아이디어나 기술을 기억했다가 실제 상품 기획이나 제작에 적용하는 것이다. 어느 회사가 여러 종의 기초 소재를 생산하여 크고 작은 수 천 개의 가공업체에 공급하는 일을 하고 있다. 이 회사의 사장은 퇴근하면 집에서 넷플릭스를 통해 드라마와 영화 보기를 즐겼다. 어느 날 그는 부인과 이야기를 하다가 넷플릭스 불만사항을 털어놓게 되었다. "넷플릭스는 다 좋은데 가볍게 볼 수 있는 콘텐츠가 없고 죄다 심각하고 무겁단 말이야." 부인은 의아해하면서 본인이 넷플릭스에서 본 콘텐츠를 보여주었는데, 모두 밝고 가벼운 주제를 담고 있었다. 알고 보니 넷플릭스 구동 체계를 몰라서 생긴 오해였다. 넷플릭스는 가입자가 선택한 콘텐츠를 추적하여 비슷한 성향의 콘텐츠를 골라 이를 중심으로 홈 화면을 구성해주고 있었다. 그는 이러한 넷플릭스 방식을 본인 회사의 고객인 가공업체에게 적용할 수는 없을까 궁리해보았다. 그 결과 각각의 가공업체의 거래 성향을 만족시키는 맞춤 플랫폼을 만들 수 있었다. 이제 회사는 각 가공업체에게 해당 사업에 맞는 신소재 및 가공 방법을 추천해주고 가공법에 대한 깊이 있는 조언은 물론, 주문 및 주문 상황 점검을 비롯해 거래 내역 확인, 사업 및 세무 관련 자문도 서비스한다. 또 처음에는 자기 회사에서 생산한 소재만 공급하는 데 집중했지만 점차 소재 전반을 다루는 플랫폼으로 진화하면서 나중에는 소재 생산회사에서 굴지의 소재 플랫폼회사로 성장했다.

이렇게 회사 바깥에 있는 아이디어와 기술을 활용해 성공적인 이노베이션을 만들려면 평소에도 고객 가치 실현에 관심이 있어야 한다. 다시 말해 늘 나름의 독특한 개념설계를 하고자 하는 열망이 있어야 유용한 아이디어와 기술을 제대로 활용할 수 있다. 어느 회사는 어떤 기술을 보고 막연히 언젠가는 쓸 데가 있겠지 하며 100원에 사려고 하는데, 똑같은 기술을 보고 어느 회사는 1000원을 내고 과감히 사버린다. 왜 이 회사는 10배나 더 주고 샀을까? 이 기술을 활용하면 1만 원짜리 프로젝트 완수에 걸리는 시간을 2년 이상 단축할 수 있으리라 판단했기 때문이다.

디지털 기술을 활용해 강점을 더 키워본다

현재 잘하고 있는 사업 분야도 디지털 기술을 접목하면 새로운 개념설계를 할 수 있다. 그 결과 고객에게 새로운 가치를 선보일 수 있고 원가도 확연히 낮출 수 있다.

앞서 등장한 GE의 사례를 떠올려보면 이해가 쉽다. GE 항공기 엔진 사업부는 비행기에 사용되는 제트 엔진을 항공사에 판매하며 유지 및 보수도 직접 서비스하고 있다. GE가 이렇게 할 수 있는 이유는 디지털 기술을 잘 활용했기 때문이다. GE는 엔진에 수많은 센서를 부착함으로써 엔진 상태를 인공위성으로 직접 실시간 확인할 수 있을 뿐만 아니라, 그렇게 축적된 데이터를 활용해 예방 정비를 함으로써 유지비용을 획기적으로 줄일 수 있었다. 항공사 고객 입장에서는 항공기 운항과 마케팅에 집중할 수 있으면서 엔진에 대해서는 잊어버릴 수 있게 된 것이다.

사업을 오프라인에서 온라인으로 옮겨본다

티켓 몬스터는 오프라인에서 운영하던 사업을 온라인으로 옮겨 시장 판도를 바꿨다. 아마존은 전자 서점으로 시작해 지금은 안 파는 게 없는 전자상거래 기반의 IT기업이 되었다. 현재 지금도 넷플릭스 같은 전문 온라인 사업이 계속 생기고 있다. 또한 오프라인 산업을 그대로 온라인으로 옮겨오는 일이 한창 진행 중이다.

실행과 성찰: 구체적인 설계와 스케일업

프로토타이핑을 거듭하면서 해결 방향을 찾았다면 다음 단계는 실제 시장에 내놓을 제품 생산을 준비하는 것이다. 각 부품에 대한 정밀한 설계는 물론이고 품질과 생산성을 담보하는 생산 방식을 마련해야 한다. 서비스 상품이라면 대규모 고객 서비스를 위한 각종 시스템 완비, 직원 교육 등이 실시되어야 한다. 이러한 활동을 스케일업이라고 하는데 큰 투자와 치밀한 계획 및 실행이 필요하다. 많은 인내와 함께 각 분야의 전문 지식이 필요하기도 하다.

12장 실제 적용 사례

문제해결 능력은 일단 체득만 하면 모든 문제에서 힘을 발휘한다. 점심 메뉴를 고르는 일상 속 사소한 문제부터 동호회 운영 문제, 회사의 사업 전략상 문제, 혁신 제품을 기획하는 문제, 정부의 사회적 정책 문제 등 어느 분야, 어느 수준의 문제를 다루든 도움이 된다.

이번 장에서 소개하는 사례를 통해 현실에서 문제해결 능력이 어떻게 발휘되는지 살펴보자. 참고로 여기에 실린 사례는 실제에 바탕을 둔 것이나 합성과 변형을 가한 가상의 것임을 밝힌다.

생활 속 문제

겨울 휴가지 선택, 성향에 맞는 직장 구하기, 평생의 반려자 찾기, 이 사갈 집 구하기 등 우리 일상은 해결해야 할 문제로 늘 분주하다. 일상 속 문제도 성공적으로 해결하려면 본인에게 진짜로 중요한 문제가 무엇인지 정의하고 선택 제약 요건이 구체적으로 무엇인지 이해하여 목표를 세우는 것이 중요하다. 예를 들어 겨울 휴가지로 동남아를 선택하면서 목표를 '200만 원 이하로 다녀올 수 있는 가성비 좋은 동남아 겨울 휴양호텔 패키지 상품 찾기'로 정했다고 해보자. 이 목표를 달성하려면 우선 원하는 상품을 소개하는 믿을 수 있는 정보 수단이 필요하며, 그 수단을 잘 활용하여 원하는 여행 상품을 찾아내는 방법을 알아야 한다. 이를 위해 주변 사람에게 물어 온라인 여행사 한 곳과 검색 사이트 한 곳을 추천 받았다. 이때 정보 수단의 신뢰도를 확인하는 것이 무엇보다 중요하다. 인터넷상에 뜨는 조건 좋고 값싼 상품이라고 무턱대고 골라서는 안 된다. 사이트별·여행사별 신뢰도는 천지 차이일 수 있다. 필자의 개인적 경험으로는 뉴질랜드 남섬의 퀸스타운에서 호반의 경치 좋은 6층 방이라 해서 선불 예약했는데 가서 보니 6층은 맞는데 경사지에 시야를 가리는 시설이 많아 전망이 영 아니었다. 일단 믿을 만한 정보 수단을 찾으면 활용 방법을 숙지하여 실제 조건을 명확히 한 후 맞는 상품을 찾아야 한다. 동남아 휴가의 경우 제1 조건을 저렴한 가격이라고 해놓고

'2인실에 실내 화장실이어야 한다'는 조건을 고집하거나, 제1 조건을 멋진 휴가 경험이라고 해놓고 부부 기준 전체 예산을 55만 원 이내로 잡는다면 현명한 선택을 기대할 수 없다.

'그때 내 눈에 뭐가 씌웠었나 봐' 이런 말을 하며 무언가를 후회한 적이 있을 것이다. 직관적으로 선택하고 결정한 일이 사실은 진짜 중요한 것이 아니었던 경우가 여기에 해당한다. 예컨대 연봉 조건은 좋았지만 상명하복의 조직문화라 적응하지 못했다거나 집안 재력을 보고 배우자를 골랐는데 돈 관리 능력은 없어 재산을 탕진한 경우가 그렇다. 또 어쩌면 제약 요인으로 놓아야 할 것을 제일 중요한 것으로 착각했을 수도 있다. 앞의 예에서 보면 연봉 수준은 제약 요인으로, 회사 분위기는 가장 중요한 요인으로 평가했어야 했다. 이런 실수를 방지하려면 목표 설정 시 나에게 진짜 중요한 것과 선택 제약 요인이 무엇인지 한번 적어보는 것이 좋다. 그렇게 목표를 정했으면 과제 분석을 하고 각 과제에 대한 해결책 대안을 위해 관련 자료를 조사한다. 요즘은 온라인 검색 엔진의 속도와 정확성이 워낙 뛰어나 원하는 정보를 쉽게 찾을 수 있지만 때로는 현장을 둘러보거나 경험자에게 묻고 대답을 듣는 것이 더 유용하다. 예컨대 부동산 감정은 필히 실물 확인을 거쳐야 하며 전문가 의견을 들어보는 게 여러모로 유리할 수 있다.

창의적 문제해결이라 하니 모든 과정이 과학적이고 명확한 근거에 기반해야 한다는 인상을 줄지 모르겠다. 그러나 사실 문제해결

과정 중에 있는 모든 것이 가설 기반이다. 가설은 많은 경우 직관과 통찰에서 나온다. 중요한 문제일 때는 직관을 바로 믿지 말고 검증을 하라는 얘기이지 직관이 다 틀리다는 얘기가 결코 아니다. 가설을 세울 때 스스로의 직관과 통찰을 믿어라. 직관과 통찰은 가만히 있는다고 생기지 않는다. 현장에 가서 직접 보고 느낄 때, 관계자를 만나서 내밀한 세부 정보를 들을 때, 누군가 정리해 가공한 자료가 아닌 날 것의 원천 자료를 접할 때 불현듯 찾아오는 경우가 많다. 온라인에서 정보를 찾다가 생각이 막히면 서점에 가서 이책 저책 관련 도서를 뒤적이거나 현장을 직접 방문해보라. 이렇게 해서 몇 가지 대안이 나오면 그중 선택 제약 요건을 충족시키지 못하는 대안은 일단 제거하고 처음에 정해 놓았던 진짜 중요한 것(들)을 기준으로 남은 안을 비교해 선택한다. 그러고 실행에 돌입한다.

몇 명이 함께 가는 여행 프로그램을 기획하거나 봉사활동 계획을 세울 때도 요령이 있다. 중요 내용을 모임 내 핵심 구성원과 처음부터 논의하고 공유하는 것이 바로 그중 한 가지이다. 모든 사고 과정에서 혼자 결정하고 마지막에 멋지게 프레젠테이션한다고 좋은 게 아니다. 요즘은 스마트폰을 이용해 단체 대화를 나누기도 쉽고 사진이나 문서파일을 주고받기도 편리하다. 오프라인에서 만나 칠판이나 포스트잇을 통해 의견 정리하는 것도 괜찮다. 어떤 식으로든 의견과 생각의 발전 과정을 공유하는 것이 중요하다. 그 과정에서 해결책 대안이 자연스럽게 선택된다. 이런 식의 문제해결은 모든 구성원으로 하여금 결정의 배경을 알고 결정에 참여케 함으로써 자연스럽게 주인의식을 갖게 하고 그 결과 문제해결에 열심히 참여하게 한다.

 업무노트

생각의 과정 함께 하기

필자 개인의 경험을 말하자면 나 자신의 성향과 가장 크게 부딪쳤던 일이 생각의 과정을 누군가와 함께하는 것이었다. 혼자 생각하고 판단하기를 좋아하던 내가 태도를 바꾸기로 결심한 것은 충격적인 경험을 하고 난 후였다.

그룹 본사에 있으면서 계열사 중 하나와 중요한 프로젝트를 공동으로 추진하게 되었다. 그룹 쪽에서는 두 명의 부장과 함께 내가 책임자로 참가하고 계열사에서도 여러 분야 전문가가 참여하였다. 프로젝트 리더였던 나는 팀 멤버에게 이런저런 조사를 맡기고 혼자 골방에 들어가 분석과 가설 만들기에 골몰했다. 이따금씩 하는 팀 회의에서는 각자의 조사 결과를 발표하게 한 후 다음 작업을 지시했다. 물론 작업의 이유를 설명하기는 했지만 근본질문과 가설을 고민하는 나와 팀 멤버의 이해가 같을 수는 없었다. 이렇게 진행하다 보니 팀원들 사이에 '우리가 시키는 대로 심부름이나 하는 사람이냐'는 불만이 쌓일 수밖에 없었다. 프로젝트 결과 보고를 하는 날 최고경영진이 보고내용 중 허점을 지적했다. 결론에 영향을 줄 수 있는 큰 결함이었다. 보고는 엉망

사업상 문제

사업 전략 세우기

사업 전략 수립은 현재 해당 사업이 어떤 위치에 있고 어떻게 변화할 것인지 이해하는 일에서 시작한다. 사업 전략이 어떤 과정을 거치면

이 되었다. 나로서는 임원 승진을 앞 둔 시점이라 더더욱 상처가 컸다. 팀 멤버를 모아 놓고 회의를 하는데 그 허점에 대해 나 빼고는 다 알고 있었고 대부분이 걱정을 하고 있었다는 사실을 알게 되었다. 왜 얘기를 안 했느냐고 했더니 워낙 평소에 생각을 많이 하니 알고 있으려니 했단다. 이게 아닌데 싶어도 워낙 논리적이고 혼자 잘 정리하여 결론을 내니 알아서 하겠지 하는 생각이 들었고 또 괜히 말했다가 창피 당할까 싶어 반론 제기도 어려웠다고 했다. 함께 모인 사람의 뛰어난 지성과 경험을 이용하지 못하고 한 사람의 독주로 돌파하려고 했던 잘못된 판단의 결과였다.

이 뼈저린 경험 이후 나는 어떤 프로젝트를 맡든지 처음부터 주요 멤버와 함께 화이트보드를 놓고 근본적 문제가 무엇인지, 해결 가설이 무엇인지, 왜 그런 가설을 생각했는지, 가설 확인에 필요한 정보는 무엇인지, 어떻게 분석할 수 있는지 등을 놓고 토론하기 시작했다. 생각의 과정을 함께 했더니 멤버 모두 문제의 주인이 되려고 노력했다. 토론이 활성화되면서 황당한 허점(누구나 알고 있지만 정작 프로젝트 리더는 모르는)에 대한 우려도 사라졌다.

서 만들어지는지 가상 사례를 통해 알아보자.

먼저, 목표를 명확히 한다

많은 경우, 수단에 불과한 문제를 목적으로 여긴다. 최종 목적을 생각하지 않는 것이다. 어느 회사의 사업부장 A씨는 사업의 수익을 올려야 하는 책임을 완수하지 못해 그만두게 되었다. CEO와 이사회는 무조건적으로 수익 개선을 주문했던 자신들의 행태를 돌아보면서 새로 오는 사업부장 B씨에게 사업 전체를 제로 베이스에서 다시 점검하여 중장기적 계획을 세운 후 이사회에 보고하라고 하였다. 당연히 구체적인 사업 방향과 목표 설정은 현상 파악 이후로 미뤄졌다. 강조하지만, 일을 맡길 때는 목적은 명확히 하되 구체적인 방향과 목표에 대해서는 포괄적이고 개념적이어야 한다. 그렇지 않으면 해결책 공간이 좁아진다.

문제를 정의한다

목표를 정했으면 다음 순서는 진짜 문제를 파악하는 것이다. 새로 온 사업부장 B씨는 시장의 성장 가능성과 마이클 포터의 경쟁우위 개념(진입 장벽)을 프레임으로 활용해 현 상태를 진단하고 해결해야 할 진짜 문제를 파악하였다. 이때 주의 깊게 살펴봐야 할 내용이 있다. 해당 제품의 시장이 수명주기 어디에 있는지 즉 성장기에 있는지 성숙기에 있는지 판단해야 하며, 또한 자사 제품력이 경쟁우위를 가지는지 다시 말해 진입 장벽을 세우거나 진입 장벽의 안쪽에 있을 수 있는지 여부도 진단해야 한다. B씨는 다음 표의 기준에 따라 사업 상태를 판단하고 각 상태에서 과제를 수행할 경우 성과 개선 가능성이 있는지 검토했다.

검토 결과, a제품의 경우 시장 정체와 함께 특별한 경쟁우위가 없

사업 상태의 판단과 성과 개선을 위한 과제

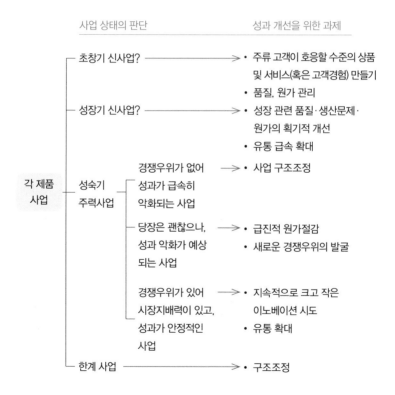

었고 강력한 경쟁업체가 밀고 들어오고 있어 제품 성능과 원가 개선 활동을 아무리 열심히 해도 사업성은 희박해 보였다. b제품의 경우 현재 시장 크기가 작긴 하지만 원천 기술을 가지고 있고 아직 뚜렷한 경쟁업체가 없다는 잇점에 시장 수요도 장기적으로 유망해 보였다. 관건은 '주 고객층을 만족시킬 만큼 완성도가 높으면서도 원가를 맞출 수 있는 역량이 자사에 있는가'였는데, 지금까지의 개발 경험과 역량을 볼 때 도전할 만하다고 판단했다. c제품은 시장 자체가 정체기인 데다 자사가 경쟁우위가 전혀 없어 신규 참가자가 등장하면 당장 적자로 전환될 것으로 예상되었다. 현재도 있는 제품 가져다 팔기에 급급한 터라 단기간 내 경쟁우위를 점할 가능성은 거의 없다고 판단했다.

여기까지 왔으면 이제 현상 파악한 결과를 토대로 해결해야 할 진짜 문제가 무엇인지 정의한다. B씨는 제품별 사업 상태 점검을 통해 파악한 현상에 대한 정보를 토대로 사업 방향을 잡았다. 그는 모든 제품에 인력과 자원을 투입하여 원가절감 드라이브를 거는 대신, a제품의 핵심 인력을 대거 차출해 b제품 사업의 주류 고객을 사로잡을 수 있는 디자인과 성능, 원가경쟁력을 갖춘 새 제품을 개발하는 데 투입하기로 결정했다. 그리고 a제품 사업은 최소 인력과 비용으로 최대 수익을 올리는 운영방식으로 전환하고, c사업은 최대한 빨리 정리하는 것으로 계획했다. 정리하면, B씨가 판단한 가장 중요한 문제는 c제품 사업의 즉각적인 구조조정, a제품 사업을 최소 인원으로 수익 내는 시스템으로 만들기 위해 사업구조 재설계, b제품 시장의 주류 고객에게 어필하는 신상품을 최단 시간 내 개발하는 것이었다.

이어서 B씨는 특별 프로젝트 팀을 만들어 b제품을 개선할 해결책 마련에 나서기로 했다. b제품 시장의 주류 고객을 움직이려면 b제품 관련 현상을 면밀히 조사해 진짜 해결해야 할 문제가 무엇인지 파악해야 할 뿐만 아니라, 현재의 기술과 방법을 개선하면 진짜 문제를 해결할 수 있는지 아니면 완전히 새로운 접근법을 찾아야 하는

사업 방향 결정과 문제 정의

세분화	이익비중	현상	종합적 상황판단	전략방향
a	60%	• 여태까지의 기술 장벽을 세워 나름 선방. 중국업체들의 수준 향상에 2년 정도 후에는 경쟁 격화 전망	• 제품경쟁력 개선 활동과 공세적 마케팅으로 시장 방어할 수 있겠지만, 경쟁 격화로 2년 후 수익성 대폭 저하 불가피	c제품 사업은 즉각 구조조정, a제품 사업은 선제적 구조조정과 함께 연구인력 최소화한 사업방식 도입(a제품 사업을 최소 인력으로, 수익 중심 경영하는 방법)으로 최대한 수익 방어
b	30%	• 성능 및 가격 관련 업계의 대응 수준이 낮아 고객들의 만족도 아직 낮음. 이 문제만 해결하면 시장 급신장 가능성 있음	• 안 해본 일이지만 어차피 남들도 안 간 길이고 다행히 역량과 경험이 있으니 고객가치를 혁신적으로 제안하는 해결안에 도전할 필요 있음	+
c	10%	• 이제까지 시장이 성장해왔지만, 전년부터 시장 정체. 자사의 경쟁우위가 없어 경쟁 격화 시 수익 악화 전망	• 워낙 자체 경쟁우위가 없고 1~2년 내 원가나 고객충성도 관련 경쟁우위를 만들 가능성도 없어 방어 불가능	b제품 사업을 대상으로 한 고객가치 혁신적 해결안 준비

지, 궁극적으로 누가 경쟁자인지 등 관련 사항을 빠짐없이 파악해야 한다. 이 단계까지 마무리했을 때 B씨는 현 제품의 가장 중요한 특징인 쾌속 공기처리 기능은 만족도가 아주 높지만 소음과 전기료 문제가 심각해 주류 고객을 못 잡고 있다는 사실을 알 수 있었다. 이를 해결하는 것이 최우선 순위였다.

해결책 대안을 만든다

과도한 소음과 전기 소모를 해소하기 위해 일단, 기존의 기술 방식을 개선해보기로 했다. 이를 위해 관련 부품업체에 개선 제품을 요청하고 제품 설계도 바꿔볼 것을 제안했다. 개선의 여지는 충분했다. 그러나 개선한다고 주류 고객을 만족시킬 수준이 될 것 같지는 않았다. 그 다음으로 제품과 직접적으로 관계는 없지만 참고할 수 있는 기술을 광범위하게 조사한 후 활용 가능성이 있는 기술을 검토하였다. 그러나 검토한 기술을 제품에 적용하려면 기술 연구 및 시제품 제작 기간을 포함해 2년 이상 걸릴 것으로 예상되었다. 물론 잘되면 좋지만 실패할 가능성도 꽤 컸다. 세 번째로, '외부 기술을 사용해 문제해결을 모색하는 커뮤니티'에 상금과 함께 문제를 내걸었다. 몇 가지 아이디어가 접수됐는데 그중 하나는 꽤 가능성이 있어 보였다. 사례를 통해 보듯이 프로젝트에 드는 시간의 상당 부분이 대안을 만들고 검증하는 데 사용된다.

9곳의 중국업체 중 누구와 합작회사를 세울까

필자의 경력상 큰 고비 중 하나가 2000년대 초반 GSM방식 휴대폰의 중국 생산 라이선스를 따는 일이었다. 당시 중국 정부는 수입 휴대폰에 고율의 관세를 부과했기 때문에 중국 내 생산을 하지 않고는 가격 경쟁력을 확보하기가 불가능했다. 필자는 전략 담당 임원으로서 현지 경영팀과 함께 3년 가까이 이런저런 방법을 시도해봤으나 난공불락이었다. 급기야 몇 달내로 라이선스를 못 얻으면 진입을 포기해야 되는 상황에 처하게 되었다. 마침 새로 부임한 CEO에게 업무 보고를 하던 중 상황이 이렇게까지 오게 한데 대해 엄한 질책을 들었고 한 달 내 책임지고 라이선스를 따오라는 특명을 받았다. 일정 한도의 투자예산이 주어졌고 그 내에서는 마음대로 집행해도 좋다는 권한이 쥐어졌다. 3년을 해도 안되던 것을 한 달 내 하라니 기가 막혔다. 모두가 불쌍하다는 눈으로 나를 보았다.(이 정도 극한 상황에 몰리면 좋은 점도 있다. 무엇을 해도 시비 거는 사람이 아무도 없다는 것이다.)

다음 날 무조건 현지로 가 경영팀을 만나서 꼬박 하루 동안 그간의 진행 상황을 자세히 파악했다. 멀리서 보고 받을 때는 몰랐는데 현지에 와서 보니 방법이 없는 것이 아니라 하나하나의 불확실성이 너무 커서 누구도 리스크를 지고 결단을 내리지 않고 있었던 상황이었다. 중국 정부의 정책을 살펴보니 중국 파트너와 함께 합작회사를 세운 후 이 합작회사를 통해 라이선스를 신청하면 자금과 기술력을 평가해 심사를 한다는 내용이었다. 그런데 그간 9곳의 파트너 후보와 얘기해 왔는데 9곳 모두 휴대폰은 처음이라 누가 진짜 대정부 활동을 잘할지 확신할 수 없던 터였다. 결론은 누구도 책임지고 싶지 않았던 것이다.

필자에겐 물러설 데가 없었다. 그래서 다음 2주 동안 중국 전국을 돌며 9곳 업체 모두와 만났다. 모두들 자기와 합작하면 본인들 인맥과 노하우를 동원해 반드시 라이선스를 딸 수 있다 자신하였다. 필자는 방문 시 가급적 공장이나 영업소를 직접 들러 회사의 경영 상태를 꼼꼼히 살펴보았고 경영진과의 면담을 통해 휴대폰 사업에 대한 관심도와 준비 정도를 알아보았다. 방문 후 두 곳으로 압축되었다. 현지 경영팀은 회사 규모를 근거로 둘 중 한 곳을 추천했다. 그런데 필자의 판단은 달랐다. 며칠을 고심하다 이리 죽으나 저리 죽으나 마찬가지니 후회하느니 내 판단대로 파트너를 정하자고 마음먹었다. 미리 준비해간 합작투자계약서에 서로 서명하고 출자도 일사천리로 이뤄졌다. 이후의 진행은 적어도 내게는 전설이다. 합작 파트너는 약속을 지켰고 한 달 내는 힘들었지만 두 달 반 만에 그것도 100퍼센트 합법적이고 정당한 방법으로 라이선스를 획득하였다.

이처럼 현실에서는 사업 의지와 라이선스 획득 능력을 판단하는 데 필요한 체계적 정보가 없다. 있다 하더라도 그 정보는 신뢰하기 어렵다. 그래서 필자는 후보 9곳을 평소의 회사 경영과 평판이라는 가설적 기준으로 평가하기로 한 것이다. 두 기준에 모두 부합하면 사업 의사와 능력이 있으리라 보았고 직접 방문과 방문 전후 기초조사를 통해 사실에 최대한 근접하려고 애썼다. 이것은 극단적 사례에 속하지만 필자의 경험으로는 불확실하고 정보가 미비한 상황에서 가설을 세워야 하는 경우가 적지 않고, 그 가설을 검증하는 데 있어서도 최소한의 정보와 분석(일반적 직관과 상식이 아니라 구체적 문제의식을 가지고 직접 가서 보고 듣고 생긴 느낌)에 의지해 의사결정해야 하는 경우도 부지기수이다.

또 한 가지, 필자는 최고경영진으로서 사업부장들과 해당 사업전략을 검토할 일이 많았다. 이때 사업부장들이 가장 어려워하는 일이 '현재 및 향후 상황을 나는 이렇게 진단하고 따라서 이런 방향으로 사업하려고 한다'는 내용을 일목요연하게 설명하는 것이다. 대개는 환경분석 결과와 누구나 다 아는 일반적 과제를 얘기하다 끝난다. 경쟁이 이렇고 기술 변화가 저런 가운데 내년도 매출, 수익, 투자 목표는 다음과 같고 이를 달성하기 위해서 첫 번째 원가 절감, 두 번째 매출 확대, 세 번째 신제품 개발을 하겠다는 식이 태반이라는 얘기다. 그래서 현재까지의 전략이 뭐였고 앞으로도 현 전략대로 할지 새로운 전략을 세울지 왜 그렇게 생각하는지에 대한 얘기가 없다. 리더라지만 환경 변화가 실제 사업에 미치는 영향을 깊이 생각해 미래 방향을 결정해본 적이 많지 않은 것 같았다. 생각이 있어도 확실하지 않아 말하기를 주저하고 괜히 말했다가 틀리면 어쩌지 하는 불안도 많이 느끼는 것 같다.

지금의 실행 방향이 정해진 이유를 알면 특정 환경변화가 사업에 끼치는 영향을 보다 명확히 예측할 수 있고, 실제 결과와 예상 결과가 크게 다를 때도 차이나는 이유를 수월히 유추할 수 있다. 늘 해오던 방식으로 개선 과제만 열심히 하는 리더는 '방향 설정'이라는 리더 본연의 역할을 제대로 수행하기 어렵다. 스스로 생각하여 판단하고 이를 간결하게 정리하여 소통하는 훈련을 초년부터 많이 해야 하는 이유가 여기에 있다.

최적 해결책을 선택한다

마지막으로 B씨는 각 대안의 기대효과 수준 및 성공 가능성과 리스크를 비교한 뒤 자사의 실행 능력과 부합하는 한 가지 안을 결정해 진행하였다.

이노베이션 하기

회사의 존재 가치는 무엇일까? 그중 하나는 세상에 있으면 좋지만 존재하지 않는 어떤 제품이나 서비스를 만드는 것이다. 혹은 존재하지만 기능과 가격 등 여러 면에서 더 큰 혜택을 줌으로써 사람들의

이노베이션 유형

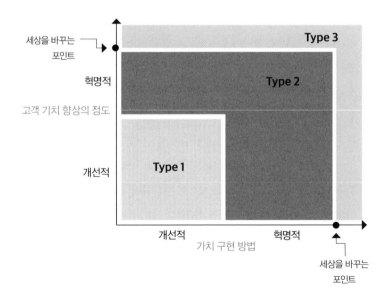

삶을 윤택하게 하는 것이다. 이를 흔히 이노베이션이라고 한다. 이노베이션 내용과 세상에 미친 영향을 편의상 Type 1, Type 2, Type 3로 나눠 살펴보자.(앞의 표 참조. 경영학자 김언수 교수가 복잡한 분류 체계를 단순화하는 데 많은 도움을 주었다.)

Type 1 이노베이션은 한국 기업이 지난 수십 년 동안 열심히 해온 개선적 이노베이션이다. 기존 상품 및 기술의 디자인, 기능, 성능, 원가를 향상시키기 위해 체계적인 노력을 기울이는 수준의 이노베이션이다. 덕분에 현재 한국의 많은 상품과 중간재가 세계적인 경쟁력을 갖추게 되었다. Type 1 이노베이션 과정은 전형적인 문제해결 과정이다. 먼저 도전적인 목표를 정하고 목표에 영향을 미치는 모든 요인을 모은 후 그중 민감도가 가장 큰 요인을 파악해 이 요인의 값에 영향을 미치는 근본적 요인에까지 파고 들어간다. 이후 근본요인을 향상시키기 위한 아이디어를 내고 이를 구체화한다.

냉장고의 전력 소모를 대폭 줄이거나 외부 부피 대비 내부 용량을 늘리는 등의 개선은 이런 방법으로 이루어졌다. 다음의 그림은 냉장고 내부 용량을 늘리기 위한 가상 프로젝트에서 첫 번째 문제 분석한 결과이다. 나름 냉장고 외부 부피 대비 내부 용량 비율에 영향을 미칠 요인을 MECE 원칙에 따라 분해한 것이다. 냉장고 외부 케이스 두께부터 내부 케이스 내 방열판 크기 및 형태에 이르기까지 하나하나 개선 가능 아이디어를 도출해 종합한다. 맨 마지막에 있는 내부 케이스 형태에서 뻗은 내용 중 '다른 냉각 기술'은 개념설계 자

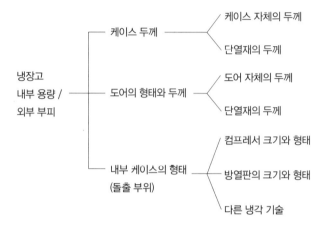

체를 바꿀 가능성을 고려하는 경우에 해당되고, 이 시도가 성공할 경우 냉장고 내부 형태 전체가 바뀌기 때문에 Type 2 이노베이션이 될 소지가 있다.

Type 2, 3의 출발점도 고객 가치나 원가의 혁명적 향상이다. 즉 세상에 현재 없거나, 있어도 어떤 이유때문에 수요가 적은 상품이다. 이럴 때 기업이 가져야 할 가장 좋은 태도는 앞서 11장에서 다룬 것처럼 '이러이러한 상품이 있으면 나라도 당장 사서 쓸 텐데'라는 마음을 갖고 고객 입장에서 어떤 상품이 그런 상품일까 스스로에게 질문을 던지는 것이다. 이때 고객 입장이라 함은 해당 상품에 덕후의 입장이 아닌 보통의 소비자가 처한 입장을 말한다. CEO가 개인적으로 좋아하는 제품을 사업으로 연결하면 대개 실패한다는 말이 있다. 덕후는 프라이머리 가치만 좋으면 어지간한 불편은 개의치 않기 때문이다. 다음의 가상 사례를 통해 '이런 제품이 있다면 나라도 살텐데' 태도가 어떻게 이노베이션으로 연결되는지 살펴보자.

노령화 사회에 접어들어 노인 문제가 불거질 때마다 나이 든 자기 모습이나 부모님 형편을 떠올려 볼 것이다. 노년을 쓸쓸하게 낯선 요양원에서 보내기보다는 지금 사는 곳에서 음식, 세탁, 청소, 병원 차량 등의 생활 서비스를 받으며 편안히 지내면 좋을 텐데 하는 바람이 든다. 그러나 그런 미래는 금전적으로 풍족한 사람에게나 가능할 뿐, 보통 사람에게는 희망사항일 뿐이다. 그렇다면 '한 달에 30만 원으로 이런 서비스를 제공할 수는 없을까' 같은 질문을 던져보는 건 어떨까? 문제 자체가 복잡한 것 같지는 않고 해결책 찾기가 난제이다. 우선 제1의 고객 가치와 제약 요인을 구체적으로 정리해본다. 제1의 고객 가치는 월 30만 원으로 자가 생활에 필요한 필수 서비스를 모두 제공하는 것이다. 제약 요인을 정할 때는 구체적으로 접근한다. 예를 들면 음식은 하루 1회 세 번 먹을 수 있는 양의 밥과 반찬을 준비하고, 세탁과 청소는 주 2회로 무료 책정하고, 교통 서비스는 콜택시를 제공하되 일반 택시에 준하여 미터로 요금을 계산한다와 같이 설정하는 것이다. 이 과정에서 간단한 고객 조사를 해보는 것도 좋다.

여기까지 정리되면 문제가 무엇인지 정해진다. '설정한 제약 조건

하에서 자가 생활에 필요한 서비스를 월 30만 원에 제공하고도 이익을 남길 수 방법을 찾는 것'이 문제이다. 이제 이 문제를 해결할 수 있는 안을 찾는다. 문제 전체를 다루면 해결책 찾기가 어려울 수 있다. 그럴 때는 문제를 처리 가능한 작은 단위로 쪼갠다. 앞에서 정한 제1의 고객 가치를 살펴보면 여러 서비스가 결합된 것임을 알 수 있다. 이를 각 서비스로 분해해 원가 요인을 파악한 후 원가를 대폭 줄일 수 있는 아이디어를 생각해본다. 일례로 빨래는 사흘에 한 번 수거하여 집중 처리하고, 청소는 2인 1조의 팀이 최대한 장비를 사용해 단시간 내 끝내도록 하고, 식사는 메뉴의 단순화와 표준화를 전제로 전용 밥 공장을 세워 공급하고, 이동 서비스는 우버 방식을 활용하되 노인 고객임을 감안해 문자와 전화로 예약하도록 시스템을 구축한다와 같은 아이디어를 낼 수 있을 것이다. 또 각 서비스는 인공지능 기반의 전체 공급자 포털을 통해 실시간으로 배정된 서비스팀이 실행토록 하겠다는 운영 아이디어도 생각할 수 있다. 이렇게 나름 토탈 케어에 대한 개념설계를 독자적으로 해보는 것이다. 다음으로 각 부분의 솔루션을 모아 이 정도면 최소 한도의 고객 가치는 구현되는지 판단한다. 이 판단이 긍정적이면 바로 시범 실시를 준비한다. 개념설계에 대한 프로토타입 공급망을 구성하여 300여 가구를 대상으로 시범 실시를 행한다.

시범 실시 중 여러 문제점이 노출될 수 있다. 배달 지연이 심할 수도 있고 귀가 차편을 부르는 과정이 힘들 수도 있고 원가도 예상보다 높을 수 있다. 이보다 더 큰 문제는 고객 신뢰를 얻기가 예상보다 어렵겠다는 판단이 드는 것이다. 이럴 경우 공급망 자체를 대폭 수정해야 한다.

다음 단계는 본격 사업화를 위한 스케일업 해결책을 만드는 것이다. '1차 10만 가구를 대상으로 완성도 높은 서비스를 원가에 맞춰 공급한다'는 기준에 맞게 프로토타입상의 공급망과 비즈니스 모델을 다듬고 고객 모집에 대한 구체적인 계획을 짜는 작업이다.

통상 이노베이션 프로젝트에서 문제를 정의하고 해결책을 프로토타이핑 하기까지는 험난한 길을 가야 하지만 그만큼 또 재미도 있다. 서울대 이정동 교수는 자신의 책《축적의 길》에서 많은 경우 승부는 스케일업 단계에서 결정된다고 강조한다. 대량생산 체제에서 혹은 다수의 고객을 상대로 완성도 높은 제품·서비스를 적절한 원가와 품질 수준에 맞춰 제공하기까지는 수많은 시행착오와 축적된 기술, 노하우가 필요한 법이다. 그리고 그 과정은 무척 고통스럽다. 경우에 따라서는 실행 단계에서 다시 해결책 입안 단계로 되돌아가야 할 수도 있다. 그럴듯한 많은 아이디어가 이 단계에서 살아남지 못하고 사라진다. 우리나라는 선진국 제품이나 기술의 밑그림(개념설계)을 배워와 빠른 속도로 제품화함으로써 여기까지 왔다. 사회 제도도 마찬가지다. 그러다 보니 교육도 검증된 정답을 빨리 찾는 요령을 알려주는 데 집중해왔다. 그런데 이제 우리나라 경제와 기업 위상이 우리 나름대로의 개념설계를 바탕으로 차별화된 상품·기술을 보유해야만 성장을 기대할 수 있는 데까지 왔다. 이제 스스로 목표를 정해야 하며 현재의 상황을 잘 이해하여 진짜 중요한 문제를 정의해야 하는 한편, 나름의 방법으로 문제를 푸는 습관과 역량을 갖추어야 한다.

정리하건대, 이렇듯 혁신 제품 및 서비스는 체계적인 사고 과정과 함께 다른 사업이나 사물을 보다가 '고객 가치를 구현하는 데 이것을 활용할 수 없을까'하는 고민에서 출발하는 경우가 많다. 한편 해결책을 만들 때 내부 역량만 끌어들이지 말고 외부의 힘을 활용하는 방식도 고민해봐야 한다. 중요한 사실은, 평소 '이런 게 있으면 좋을 텐데' 하는 고객 가치에 대한 공감과 더불어 상품에 대해 나름의 그림을 갖고 있어야 아이디어 접목이 가능하다는 것이다.

오퍼레이션 개선하기

앞서 등장한 사업전략 가상 사례로 돌아가보자. a제품의 전략 과제를 '인력 50% 줄이면서 매출 수익을 유지하되 버틸 수 있을 때까지 버티는 방법을 마련한다'로 정했다고 해보자. 현재 a제품은 수십 개의 거래선을 대상으로 연간 35개의 모델을 개발하고 있다. 지금까지 약 500명의 연구 인력 중 정예 인력 300명은 대형 거래선을 주 대상으로 하는 11개의 기본 모델을 개발하는 일을, 나머지 200명은 작은 거래선을 대상으로 기본 모델을 수정·개발하는 일을 맡고 있다. 연간 35개 모델을 개발하다 보니 생산 기술이나 부품 개발·인증, 모델 품질인증, 포장개발 등 전 부문이 항상 바쁘게 돌아간다. 그래서 매출을 유지하면서 인력을 50% 줄인다는 것은 지금의 사업방식과 생산방식으로는 불가능했다. 그래서 방법을 찾고자 다른 산업을 공부해보니, 자동차산업과 일부 가전산업에서 발전한 모듈러 디자인 접근법이 적용 가능해 보였다. 대형 거래선을 대상으로 한 기본 모델 11개, 전체 모델 35개였던 것을 화면 크기 기준의 기본 플랫폼 두 개로 표준화하고 모듈러 디자인 방식을 채택하여 각 플랫폼에 색상, 주요 컨트롤 부위(아날로그 컨트롤 vs 디지털 컨트롤), 케이스 재질로 모델을 다양화하는 방식을 시도하기로 하였다. 처음에 영업부서는 판매 모델 수가 줄어든다는 이유로 격렬히 반대했다. 그러나 들쑥날쑥하던 모델 라인업이 체계적으로 정리되면서도 화면 사이즈, 색상과 컨트롤, 케이스 재질에 따라 다양화됨에 따라 대형 거래선을 중심으로 공감을 얻기 시작해 결국 판매 증진으로 이어지자 적극적으로 환영했다. 오퍼레이션의 다른 부문도 업무 성과가 크게 개선되었다. 우선 구매 부문은 플랫폼화로 주요 부품의 공용화가 극적으로 높아지면서 부품 종당 물량이 대폭 늘었고 이로써 부품업체에 대한 협상력이 크게 향상되었다. 생산 기술이나 부품개발 및 인증 부문도 모델 및 부품 수의 대폭 감소로 업무 효율과 질이 크게 개선되었다. 개발 부문도 첫 해에 인력의 상당 부분을 다른 부문으로 전환 배치할 수 있었고 그 다음 해에는 누적으로 원 목표를 상회하는 인력을 다른 성장 부문으로 전환 배치할 수 있게 되었다. 2년 차부터는 개발 이외

어느 회사의 오퍼레이션 건강도

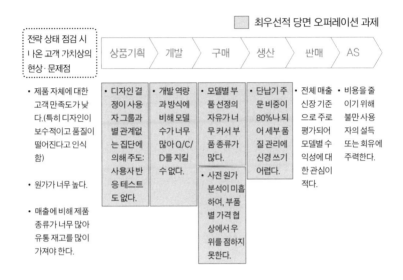

부문의 인력도 상당수 다른 부문으로 전환 배치되었다.

이 가상 사례를 통해 전달하고 싶은 핵심은 오퍼레이션의 획기적 개선은 특정 분야의 노력만으로는 어렵다는 것이다. 사업부 전체 사업방식의 변화 없이는 구매 부문에서 아무리 원가절감 노력을 한들 5%도 달성하기 힘들다. 어찌어찌 해서 억지로 5% 낮춘다 해도 상황이 바뀌면 오히려 10%가 오를 수 있다. 예컨대 아프리카의 핵심 광물 수출국이 내전에 휩싸여 구매에 문제가 생기는 경우를 떠올려보라. 이는 비단 원가뿐만 아니라 업무 효율이나 품질, 완성도 등 어떤 항목의 개선을 꾀하든 전 부문을 관통하는 노력이 있어야 해결 가능한 문제이다.

보통 여러 부문의 현상적 문제점은 서로 연결되어 있다. 앞의 그림은 어느 회사의 오퍼레이션 건강도를 말해주는데, 하나의 문제가 다른 부분의 문제로 연쇄적으로 번지고 있음을 알 수 있다. 즉 개발 역량 대비 지나치게 많은 모델 개발로 각각의 모델 완성도가 떨어지고 출시일도 만성적으로 지연될 가능성이 크다는 것을 보여준다.

한편, 현상과 문제점을 종합하고 어떻게든 개선하려고 노력하는 과정에서 자연스럽게 모듈러 디자인 개발 및 생산 방식을 떠올릴 수도 있다. 해결 방법이 꼭 사업전략에 따라 논리적으로 도출되지 않을 수도 있다는 말이다. 실제 자동차업계를 비롯해 많은 산업이 이렇게 움직여 왔다.

조직 문제 관련

당연한 말이지만, 조직은 조직의 목적을 가장 잘 달성하도록 디자인되어야 한다. 한국의 많은 기업이 풀어야 할 과제 중 하나는 디지털 기술과 하드웨어가 융복합된 급진적 이노베이션을 활성화하는 일이다. 지금까지 한국 대기업은 기존 상품과 기술을 개선하고 저렴한 가격으로 판매하는 일을 잘해왔다. 그러나 사업이 성숙기에 들어선 데다 중국 기업의 도전과 함께 서구 기업(일본 기업 포함)이 신사업과 기술에 대한 보호를 강화하는 추세라 우리 나름의 상품과 기술을 선도적으로 만드는 일이 중요해졌다.

급진적 이노베이션을 활성화하려면 우선 이런 활동을 잘 이끌고 수행할 인재가 필요하다. 사업부장이나 기능 부문 임원으로 대표되는 조직 리더와 각 분야 전문가는 이노베이션의 필요성을 절감하고 실행 방법에 대해 숙지할 필요가 있다. 그래서 어느 회사의 인재개발센터는 전략적으로 중요한 이노베이션을 잘 이끌 리더 양성을 향후 10년 간 추진할 것을 미션으로 정했다. 당시 인재개발센터가 보기에는 이노베이션을 이해하고 선도할 리더 양성 목적의 콘텐츠가 절대적으로 부족했다. 특히 스스로 생각하는 힘을 기르고 문제해결에 필요한 핵심 스킬과 주요 개념을 체계적으로 익힐 수 있는 프로그램과 학습방식이 개발되어 있지 않았다. 기존 강의 중심의 지식 전달 방식으로는 문제를 창의적으로 정의하고 나름의 방식으로 해결책을 내는 역량을 키우기 어려웠다. 또 당시 교육방식이란 것도 담당자 각자가 외부 교수나 임원, 컨설턴트를 개별로 섭외하여 강사 개개인의 생각에 따라 각기 다른 내용을 다른 방식으로 교육하는 식이 대부분이었다. 그러나 이노베이션 개념과 방법을 비롯해 모든 관련 내용은 신입사원부터 최고경영자까지 똑같이 공유되어야 한다.

인재개발센터 내 임원들의 업무도 서로 엇박자를 내기는 마찬가지였다. 임원교육, 사원교육, 전문교육을 각각 맡아 독립된 조직처럼 자기 분야의 과정개발과 운영을 책임지고 있었던 것이다. 각 팀 안에서야 교육 내용과 전달 방식이 조율되겠지만 인재개발센터 전체로 보아서는 일관성 있는 프로그램 운영은 아니었다. 아무리 봐도 이런 조직 구조로는 전략적 이노베이션과 리더십 개발에 대한 깊이 있는 콘텐츠를 만들 수 없을뿐더러 임직원 전 계층에 같은 메시지를 전달하기도 쉽지 않아 보였다. 한편 인재개발센터 자체의 조직문화도 개선할 필요가 있었다. 성실하고 일에 진지한 건 좋지만 개개인이 실험과 시행착오를 통해 주도적으로 이노베이션 콘텐츠와 새로운 학습 방법을 만들어 가기에는 지나치게 보수적이고 신중한 편이었다. 따라서 이노베이션 활성화와 관련해 새로운 콘텐츠를 만드는 능력을 배양하고 주도성, 실험정신을 살리려면 조직의 목적과 운영 방식 및 구조가 상당 부분 바뀌어야 할 것 같았다.

6개월에 걸친 소통을 통해 인재개발센터의 미션을 '이노베이션 리더를 양성하면서 센터 스스로도 가장 이노베이티브한 조직이 되는 것'으로 정의하였다. 이러한 조직이 되기 위해서 우선 조직 특성을 조직 구조, 업무 분장, 평가 및 운영 방식 등으로 분해하여 각각에 필요한 내용을 정리하였다. 이를 위해 국내외를 막론하고 '최중심에 이노베이션을 두면서 그 자체로도 이노베이티브한' 교육기관을 찾아 나섰다. 그 결과 미국의 싱규래러티 대학과 미네르바 대학, IDEO 디자인이 이에 해당되었다. 인재개발센터는 이들을 외부에서 관찰만 하지 않았다. 이들과 협력 프로그램을 실시하여 그들의 경험과 노하우를 깊이 파고들었다. 조직 구조와 관련해서는 리더십 센터,

이노베이션 센터, 경영환경 센터를 신설해 임원들이 각기 관련 콘텐츠의 기획과 개발을 직접 책임지도록 하였고, 각 교과 과정은 담당 직원이 기획부터 운영까지 책임지고 행하고 대표에게 직접 보고하도록 하도록 하였다. 인재개발센터 전체의 콘텐츠 맵을 리더십 센터가 입안토록 하여 각 교과 과정에 표준화된 콘텐츠를 만들어 공통적으로 활용하게 하였다. 이로써 각 콘텐츠 개발에 참여하는 내외부 교수진은 단발성 강의가 아닌 전 계층을 대상으로 동일한 내용을 전하게 되어 양질의 콘텐츠 확보가 용이해졌다. 물론 과정별 대상에 따라 내용과 학습 방법은 차별화했지만 핵심 콘텐츠는 동일하게 하였다. 온라인과 오프라인 결합을 통해 강의를 줄이고 사전 학습을 가능하게 함으로써 최대한 토론과 협력 프로젝트를 실시하는 쪽으로 수업이 이뤄지게 하였다. 그간 기업교육은 강의를 통한 지식 전달을 주 목적으로 하던 행태에서 벗어나지 못했던 차였다. 인재개발센터는 스스로 생각하고 협력하여 문제를 해결하는 능력과 행동으로 옮기는 의지를 기르도록 기업교육 관련 모든 내용에 변화를 가했다.

이러한 변화는 인재개발센터 임직원의 행동부터 바뀌어야 의미가 있었다. 그래서 인재개발센터 임직원의 주도성과 실험정신을 격려하기 위해 상대평가를 폐지하고 스스로 세운 목표와 사후 학생평가에 의해 기대 수준 충족 여부를 당사자가 판단하도록 하되, 교육생 평가가 기대 수준 이하인 경우는 별도로 정밀 진단과 도움을 받도록 하였다. 자기 일 이외에 조직 전체에 도움이 되는 일에 자원해 기여하거나 새로운 시도와 실험을 주도한 사람은 그러한 노력을 별도로 인정해 '탁월하다'는 평가를 주었다. 인재개발센터 내 이런 변화가 일시적일지 아닐지는 시간이 지나봐야 알겠지만 일단은 개인의 주도성과 실험정신, 협력의 문화가 강화되는 계기가 된 것만은 분명하다.

사회·경제적 문제

사회·경제적 문제를 풀기 위해서는 시스템적 사고와 이해당사자의 게임이론적 행위에 대한 이해가 필요하다. 교육 정책 문제를 예로 들어 보자. 모든 사람이 현재 우리나라 교육이 21세기가 요구하는 창의적이고 협력할 줄 아는 인재를 키우지 못하고 있다는 데 우려하고 있고 이에 대해 많은 논의가 사회적으로 있어 왔다. 이런 인재를 키우려면 문제 유형에 따른 정답 빨리 찾기를 숙련시키거나 암기를 강조할 것이 아니라 새로운 지식에 호기심을 갖도록 자극하고 시간이 걸리더라도 스스로 생각해 자기 나름의 견해를 갖도록 해야 한다는 목소리가 크다. 그런데 수많은 논의와 이런저런 시도에도 불구하고 지난 10년 간 큰 틀에서의 변화가 없다. 중고등학교가 읽기, 쓰기, 기초수학 등 기능적 훈련을 수행하는 과정이라 해도 대학 교육이 이래서는 안 된다. 변화가 시급하다. 물론 대학도 시대적 변화를 반영하여 새로운 시도에 나서고 있긴 하다. 천편일률식 강의 수업을 지양하고 과제 중심의 팀 활동, 교재를 벗어난 다양한 학습 도구 활용, 활발한 질의응답과 토론 수업 등이 일반화되는 추세이다. 그러나 큰 그림으로 보면 여전히 삶의 의미나 아름다움 같은 추상적 가치를 생각해보도록 권장하지는 않는다. 자연·사회 현상에 대해 근본 원리를 배울 수 있는 기회도 좀처럼 주어지지 않는다. 어떤 목적을 위해 신짜 중요한 문제가 무엇인지 스스로 정의하고 이를 창의적으로 해결해보는 경험을 제공하지 못한다. 그저 취업에 도움이 되는 전공 학점을 이수하는 것으로 대학 생활을 마친다. 대학은 지식 전달자의 역할도 해야 하지만 '스스로 생각하고 협력하여 새로운 것을 만들어내는 인재 양성소'로서도 기능해야 한다.

위와 같은 비전으로 대학 교육이 거듭나려면 어떻게 해야 할까? 모든 대학은 학생 감소와 그로 인한 학생 유치 경쟁으로 심각한 위기감을 느끼고 있다. 대학도 생존 전쟁에 내몰린 지금 창의적 인재 양성소로의 전환을 통해 살아남기에 혈안이다. 그래서 인문적 가치관, 과학적 사고, 자기주도적 문제해결, 창의적 글쓰기 등을 내걸며 커리큘럼을 대폭 개편하는 곳도 많아졌다. 그러나 대학 교육 혁신에서 가장 큰 어려움 중 하나는 다름 아닌 규제의 경직성, 특히 정원 증감과 연결되는 학교 평가제도의 경직성과 교육 행정 담당자들의 관성이다. 이를 돌파하고자 대학과 기업은 협력을 꾀하고 있다. 일례로 몇몇 대기업과 벤처 캐피탈 회사가 강화된 표준 교양과정을 이수한 학생에 대해 입사 시 인적성검사 통과자로 인정해주며 소규모 창업 시 우선 심사 대상으로 우대하고 있다. 이러한 산학 간 협동이 확대되려면 새로운 교양과정의 적절성과 통과 난이도 등에 대해 객관성을 담보한 평가 시스템이 마련되어야 할 것이다.

일단 이러한 신 커리큘럼을 채택한 대학의 졸업생이 취업이나 창업에서 유리해지면 학부모가 움직이고 다른 대학도 새로운 제도를 시험하는 쪽으로 움직일 것이다. 그러면 규제 당국에 대해서도 언론이 새로운 방향으로의 변화를 주문하기 시작할 것이고 교수 사회도 이를 대세로 받아들이고 적응하기 시작할 것이다.

하나의 가상 시나리오이지만 이처럼 사회·경제적 문제를 해결하는 데 시스템적 사고는 매우 중요하다. 우선 개체들이 어떤 관계로 상호작용하고 있는지 깊이 이해한 후 어디를 건드려야 연쇄 작용이 일어나서 선순환이 발생할지 검토해 정책을 만든다. 시스템 내 여러 이해당사자의 관점이 중요하므로 가설이 세워지면 배경과 이해관계가 다른 여러 사람을 참여시켜 예상 반응을 짚어 보고 경우에 따라서는 주요 부문과 방법을 수정한다.

또 하나의 사회·경제적 문제의 예로 지구온난화 문제를 생각해 보자. 온난화의 원인은 학자들 사이에서도 의견이 분분하다. 화석연료 사용으로 대기 중 이산화탄소 증가에 따른 온실효과라고 주장하는 사람이 있는가 하면, 지난 수억 년 동안 간헐적으로 찾아오던 빙하기 사이클의 자연스런 결과라고 주장하는 학자도 있다. 아직까지 전문가 사이에서도 완전한 합의는 이루어지지 않았지만 인간에 의해 발생한 온실가스가 상당한 역할을 한다는 의견에는 대체적으로 동의한다. 그래서 이산화탄소 배출을 감축 내지 동결해야 한다는 주장에는 별 이견이 없다. 문제는, 각 나라마다 입장이 달라 공동 보조를 맞추기가 매우 어렵다는 것이다. 특히 미국, 중국 같은 화석 연료 최대 소비국은 감축을 위한 국제 노력에 소극적이다. 가장 많이 감축해야 하고 따라서 경제적 대가도 가장 많이 지불해야 하기 때문이다. 따라서 이산화탄소 발생을 줄이려면 산업, 교통, 가정생활 전체를 아우르는 전 지구적 관점에서 시스템과 정책을 검토하고 이를 주요 국가가 수용할 수 있는 방법을 찾아야 한다. 진짜 문제를 찾기도 어렵고 해결책 찾기도 쉽지 않지만 실행은 더 어려운 문제이다.

적용 문제

1. 당신 조직(학생이라면 소속 대학)의 주력 사업이 처한 전략적 상황은 어떠한가? 당신이 사장(총장)이라면 방향을 어떻게 설정하겠는가?

2. '이런 제품이라면 나도 사서 쓸 것' 같은 상품 내지 서비스를 상상해보자. 이를 구현하기 위한 상품 밑그림(상품 내용과 구현 기술 및 방법) 아이디어를 내보고 프로토타입을 만든 후(그림으로 그리거나 종이 접기로 가능) 고객 반응과 기술타당성을 검증해보자.

3. 당신 부서에서 가장 미흡한 일 처리는 무엇인가? 원인은 무엇이고 획기적으로 개선하려면 어떻게 해야 하는가?

4. 당신 조직의 미션을 중요 순서대로 세 가지 말한다면? 막힘없이 대답한다면 탁월한 조직일 가능성이 크다. 조직의 미션을 잘 수행할 수 있는 방법은 무엇인가?

5. 최저임금 정책은 처음 기대했던 효과를 내고 있는가? 개선한다면 어떻게 해야 하는가?

4부

문제의 주인이 되는 길

13장 리더로서의 개인 역량 향상

여기까지 읽은 당신은 삶 속에서 부딪치는 문제들의 주인이 되고 싶은 마음이 간절한 사람이다. 그렇다면 이 책이 소개하는 창의적 문제해결 과정을 익히고 기회가 있을 때마다 적용하기를 권한다. 처음에는 물론 어렵다. 그러나 연습하다 보면 물 흐르듯 자연스러운 습관이 된다. 문제해결 자체에서 오는 기쁨이 크기 때문에 이 맛을 보려고 계속 시도하게 된다.

이 책이 말하는 핵심 개념과 스킬을 익히고 일상의 생활과 업무 중에 생기는 문제에 적용할 수 있게 되면 따로 문제해결 능력을 배양할 필요가 없다. 그저 세상의 일에 관심을 갖고 지켜보면서 개인적으로 깊게 알고 싶은 분야를 연구하면서 즐기면 된다. 관심사가 미술 관람이든, SF소설 읽기든, 배낭여행이든, 해외 봉사든 어떤 것이든 상관없다. 무엇이 되었든지 점점 더 깊어지는 모든 개인적 체험과 업무에서의 경험은 가설을 만드는 직관과 통찰을 풍성하게 할 것이다. 그리고 부족하다고 생각하는 것은 동료에게 구하라. 회사 내 동료만이 아니라 SNS상이나 직접 만남을 통해 의견을 나눌 수 있는 친구를 만들어 놓으라. 삶에서 버릴 것은 아무것도 없다. 언젠가 문제해결에 필요한 귀중한 통찰과 직관을 내어줄 것이기 때문이다.

4부에서는 이를 위해 다른 사람과의 소통 역량을 어떻게 키우는지 어떻게 협력하는지 방법을 제시하고, 어떻게 하면 리더로서의 영향력을 창의적 문제해결에 친화적인 환경을 조성하는 데 사용할 수 있는지 논의한다.

조직의 리더로서 문제해결의 리더십을 발휘하려면 문제해결의 전체 과정과 원리를 이해함은 물론이고 비판적 사고와 소통의 역량을 가져야 한다. 이는 조직 구성원에게 의미 있는 목표를 제시하고 기존 관점과는 다르게 문제를 보고 스스로 생각하도록 자극하고 돕는 데 꼭 필요한 역량이다.

이번 장에서 조직 전체가 창의적 문제해결에 눈 뜨게 하는 데 요구되는 리더의 개인 역량을 키우는 방법을 알아보자.

비판적 사고능력 키우기

필자의 개인적 생각으로는 다른 사람의 주장이 담긴 글을 읽고 그에 대한 자기 의견을 글로 써보는 것만큼 비판적 사고력을 키우는 데 좋은 훈련은 없다.

비판적 읽기 및 보기

글에서 주장하는 것이 무엇인지, 이 주장의 논리적 근거는 무엇인지, 관련 사례는 사실로 검증됐는지 등을 확인하고 주장에 동의하는가 여부와 이유를 간략하게 한두 페이지로 써본다. 경우에 따라서는 글의 주장 자체가 명확하지 않고 뒤죽박죽인 경우도 있다. 그러면 그 자체를 비판해도 좋다. 신문 사설이나 칼럼, 책을 읽고 감상을 써도 좋다.

초중고 교육을 마치면 읽기 과정은 마쳤다고 생각할 수 있다. 분명히 기능적으로는 맞다. 하지만 읽은 내용의 핵심을 파악하고 글쓴이의 의도를 꿰뚫어보며 논리적으로 비판할 수 있는 능력은 단순한 읽기 능력과는 완전히 다른 차원의 것이다. 문제해결 과정에서 중요한 활동이 문제를 둘러싼 현상 이면에 있는 원인을 이해하는 것인데, 이는 정보의 핵심을 추려 가설을 세우고 그 가설을 검증하는 능력을 필요로 한다. 진정한 읽기 능력과 상통하는 부분이다. 또 보통 중요한 정보는 자료를 비판적으로 읽고 보는 과정에서 얻어진다. 요즘은 정보와 지식 매체의 중심이 동영상으로 이동하는 추세에 있으니 비판적으로 '보는' 것도 간과해서는 안 된다.

비판적 읽기, 비판적 보기는 크게 두 가지 경우가 있다. 어떤 주장을 읽고 보는 것과, 어떤 현상 기술한 것을 읽고 보는 것이다.

우선, 주장을 담은 어떤 것을 비판적으로 읽고 볼 때를 살펴보자. 문제해결을 주제로 한 글이나 동영상은 현상에 대한 지식과 함께 어떤 주장을 담고 있는 경우가 많다. 주장이 있는 글이나 동영상을 다룰 때 요령은 네 가지이다. 첫째, 저자의 주장이 무엇인지 파악한다. 둘째, 주장을 뒷받침하는 논리와 사실이 무엇인지 파악한다. 셋째, 그 논리와 사실이 주장과 관련해 합당한가 확인한다. 넷째, 주장이 내 관심사와 어떤 맥락에서 연결되는지 파악한다. 주장의 근거가 합당한지를 판단하려면 주장하는 이가 과학적 방법론(가설 설정과 검증), 연역법과 귀납법 같은 논리적 추론, 통계적 근거 중 어떤 방법을 사용하였는지 살펴보고 반박 가능성을 따져본다.

현상을 기술한 것을 읽고 볼 때의 주의사항도 알아보자. 현상을 기술한 내용을 검토할 때는 기술된 내용이 검증을 거친 사실인지 여부와 나에게 어떤 의미가 있는지를 파악하는 것이 중요하다. 요즘 유튜브나 SNS에 검증되지 않은 가짜 정보가 넘쳐나고 언론들, 심지어 주요 언론조차 사실 확인 없이 자극적인 헤드라인을 달아 잘못된 뉴스를 싣는 경우가 많다. 만약 보도 내용이 다른 사람의 말을 큰따옴표 부호를 사용해 인용하기만 하고 정보의 원천을 확인하지 않았다면 신뢰성이 의심되므로 거르는 것이 좋다.

비판적 글쓰기

글쓰기는 다른 사람과의 소통을 위한 것이기도 하지만 나와의 소통을 위한 것이기도 하다. 다시 말해 나의 관점과 생각을 정리해 나에게 피드백하는 과정이기도 한 것이다. 특히 비판적 사고력을 키우고자 하는 사람에게는 매우 중요한 도구이다. 글쓰기에서 중요한 점을 몇 가지 정리해 제안한다.

첫째, 주장이 논리적이고 근거가 합당해야 한다. 예를 들어 가계 지출을 줄이기 위해 전기 소모가 큰 가전제품을 전기 효율이 높은 신형으로 모두 교체했다고 해보자. 일견 합리적인 것 같아도 따져 보아야 사항을 간과한 선택이다. 즉 신형 가전제품을 구매함으로써 얻은 전기료 절감효과(연도별 절감액의 현재 가치)가 가전제품 구매 비용보다 큰지 논리적으로 계산해봐야 한다. 아마 이렇게 따져봤다면 연도별 절감액의 현재 가치보다 투자액이 훨씬 커서 투자의 근거가 부족하다는 것을 알았을 것이다. '가계 지출을 줄이려면 가전제품을 전기 소모가 적은 신형으로 모두 교체해야 한다'는 주장에 대해서 제대로 된 근거를 물어보면 다음과 같이 대답해야만 할 것이다. '왜냐하면 요즘 나오는 신형 가전제품은 전기 소모가 훨씬 적을 뿐만 아니라, 현재 구형 모델에 대해 보상을 해주는 판매 행사 기간임을 감안하면 실제 투자액도 낮아 투자의 순현재 가치가 플러스이다.' 그리고는 실제 계산을 통해 순현재가치가 플러스임을 보여줄 것이다. 글쓰기는 이렇듯 주장과 근거의 관계가 확실해야 하고 검증 가능해야 한다.

복수의 주장과 사실을 모아 결론을 내야 할 때는 논리적 추론 관계(크게 연역적 또는 귀납적)가 성립하도록 근거와 주장 간 연결에 신경 써야 한다. 다음의 예를 통해 추론의 정당성을 판단해보는 연습을 해보자. 어떤 글에서 '정답 찾기 사교육을 줄이고 창의성을 강조하는 학교 교육이 자리를 잡으려면 사회적으로 직업·직장 간 보상 격차를 줄이는 것이 가장 중요하다'는 결론을 내렸다고 가정해보자. 이 결론에 이르기 위해서는 맨 먼저 부모들이 사교육을 시키는 이유를 이해하고 그 이유의 근본원인을 파악한 후 그러한 근본원인을 해결할 수 있는 아이디어를 제시하여야 할 것이다. 그리고 이같은 내용을 다음과 같이 글로 전개했다.

'학부모들은 자녀가 좋은 내신 성적과 시험 성적을 받아야 유명 대학을 가고 유명 대학을 졸업해야 조건이 좋은 직장이나 직업을 얻기가 유리하다고 믿기 때문에 사교육에 매달린다. 그들의 믿음은 사실과 부합한다. 우리나라에서는 좋은 직장·직업과 그렇지 못한 직장·직업 간 보상 격차가 실제로 아주 크고, 유명 대학을 나온 사람이 좋은 직장과 직업을 가질 기회가 훨씬 많다. 이대로라면 사교육을 받아서라도 유명 대학에 입학하는 것이 합리적이다. 사교육을 받아도 유명 대학 입학이 어렵도록 대학 제도를 바꾼들 보상 격차가 지금처럼 크다면 새로운 형태의 사교육이 등장할 것이다. 따라서 보상의 격차를 줄이는 사회적 합의와 구체적 정책이 절실하다.'

이 글은 결론을 뒷받침해주는 합당한 근거(사교육의 원인과 근본 원인, 해결방향성을 위한 근거)를 제시하고 있는가?

둘째, 가급적 결론이나 주장을 글의 앞부분에, 주장에 대한 근거나 결론에 대한 구체적 설명은 뒤에 싣는 것이 좋다.

셋째, 쓰기 전에 메모지에 말하고자 하는 내용을 미리 정리해 보는 것이 좋다. 일단 하고 싶은 말을 되는 대로 모두 쓴다. 주장에 대한 근거라고 생각하는 것을 추스려 서로 간 관계를 비교·정리하고 빠진 내용을 찾는다. 이 과정에서 카드나 포스트잇을 사용해도 좋다. 어느 정도 쓸 내용이 다 모이면 이렇게 저렇게 배열해보면서 어떻게 전개하는 것이 이해에 가장 도움이 되는지 검토한다. 전체 글은 이 한 장 요약을 뼈대로 풀어 나가면 된다. 필자 개인적으로 젊은 세대에게도 종이와 펜(혹은 펜 사용이 가능한 전자패드)을 권한다. 글이든 그림이든 자유롭게 표현할 수 있고 줄을 긋고 화살표나 기호를 써서 순서나 배열 등을 이리저리 시도해 보기 좋기 때문이다.

넷째, 스토리텔링으로 쓴다. 문제해결 전체 과정을 설명하는 일은 말하기도 마찬가지이지만 결국 스토리텔링이다. 읽는 사람 입장에서 흥미와 공감을 느끼도록 하는 것이 중요하다. 이를 위해 매력적인 화자 및 등장 캐릭터를 창조해도 좋고 몰입도를 높이기 위해 드라마틱한 플롯 구성을 고민해보는 것도 좋다.

비판적 사고로 말하기

비판적 사고에서 중요한 것은 다른 사람의 주장에 대해 '내 생각은 이렇다'와 '내 생각은 다르다'라고 표현할 때 감정적으로 하지 않는 것이다. 우리나라 사람은 주장을 하고 주장을 듣는 데 익숙하지 않아 쓸데없이 공격적이 되거나 방어적이 된다. 심지어 분노로 변질되는 경우도 신신찮다. 이린 일이 반복되면 아예 입을 다물게 되거나 뒷담화에 쏠리기 마련이다. 처음에는 차분히 말하기가 쉽지 않을 것이다. 이 또한 습관들이기 나름이다. 연습이 필요하다는 말이다.

소통 역량을 향상시키려면

앞서 비판적 사고의 도구로서의 읽기, 듣기, 글쓰기, 말하기를 다루었다면 여기서는 소통 수단으로서 읽기, 듣기, 글쓰기, 말하기를 살펴본다. 듣고, 보고, 쓰고 말하는 능력은 의사 전달의 수단만이 아니다. 감정 교류의 도구이기도 하다.

말하기와 쓰기

소통을 위한 말하기와 쓰기도 근본은 같다. 즉 '주장은 명확하게, 근거는 설득력 있게'가 그 원리이다. 그런데 소통을 위한 말과 글은 내용도 중요하지만 말하고 쓰느냐를 어떻게 하느냐가 더 중요할 수 있다. 듣고 보는 이에게 재미를 주면서도 진정성이 전달되는 말과 글은 굉장한 힘이 있다. 흔히 합당한 근거가 있기 때문에 동의한다고 말을 하지만 실은 이미 마음속에 동의부터 해놓고 그 이유를 찾는 경우가 많다. 동의를 구하는 최고의 무기는 재미와 진정성이다. 따라서 듣는 사람의 관심사로부터 얘기를 풀어가는 것이 좋다. 초반에 상대의 관심사와 연관된 재미있는 얘기로 관심을 집중시킨 후 전달하고 싶은 내용을 앞의 것과 연결하여 풀어가는 방식을 권한다. 상대에게 진정으로 관심이 있고 이들에게 도움이 되고자 하는 마음을 가지면 진정성은 말과 글 곳곳에 녹아들기 마련이니 걱정할 필요는 없다. 재미는 있는데 진정성이 없으면 그냥 말 잘하는 사람이 된다. 재미있게 듣지만 잊혀지는 얘기가 된다.

듣기

듣기의 기본 또한 모두 다 아는 것이다. 즉 상대가 말할 때 주의를 기울여 듣는 것이다. '아', '그렇구나'와 같은 추임새를 중간중간 표현하거나 고개를 끄덕이는 등의 보디 랭귀지를 쓰면 동조의 표시가 더 확실해진다. 질문하는 것은 좋지만 상대의 말의 흐름을 끊지 않는 한도 내에서 한다. 상대가 얘기하는 동안 자기가 다음에 할 말을 생각하는 것은 금물이다. 상대가 자기 얘기를 다 한 것 같아 본인의 관심 분야로 화제를 돌리고 싶다면 '다 얘기하셨으면 잠깐 다른 얘기를 해도 괜찮겠냐'는 양해를 구한다. 말을 끊는다고 오해를 살 수 있기 때문이다. 많은 경우 상대의 말 중에 어떤 것이 다른 생각을 촉발하여 집중을 깨뜨리는데 상대 입장에서는 자기 말을 전혀 안 듣는다고 느낄 수 있다. 조심해야 할 대목이다.

잘 듣는다는 것은 궁극적으로 다른 사람이 어떤 식으로 세상과 사물을 보는지 이해하고 자기 나름의 세상을 보는 관점을 서로 주고받는다는 것을 말한다.

스토리텔링

문제해결에 대해 말하면서 흔히 '이런저런 것을 해결하려면 이 방식이 아니라 저 방식을 사용해서 지금보다 훨씬 좋은 결과를 내야 한다'는 식으로 말한다. 머리로는 받아들이는데 마음에는 닿지 못한다. 같은 내용이라도 소설적 전개는 가슴을 움직인다. 일례로《82년생 김지영》을 쓴 조남주 작가는 김지영이라는 주인공의 성장 과정을 통해 동시대인들로 하여금 마치 또 다른 나를 보는 것 같은 느낌을 자아내게 한다. 문제해결 과정을 전달하는 것도 스토리로 만들면 더 효과적이다.

잘 만든 할리우드 영화 대작의 공통점은 개성 있는 인물 창조와 흥미로운 사건 전개로 스토리 몰입도가 높다는 것이다. 마찬가지로 큰 의미를 가진 문제해결 활동일수록 무미건조한 회사의 수익 개선이나 조직 성장을 위한 합리적 정책 수단을 기술할 것이 아니라, 관련된 모든 사람이 공감하도록 구성원의 어려움과 극복 과정을 드라

마틱한 스토리로 보여줄 필요가 있다. 그래야 프로젝트 참가자 뿐만 아니라 앞으로 참여해야 할 수많은 사람이 공감하고 행동에 나설 것이기 때문이다.

일단 주장과 근거가 종합적으로 정리되면 리더는 자기 나름의 스토리를 만드는 데 앞장서야 한다. 리더로서 왜 이 주제에 관심을 갖게 되었는지, 어떻게 이 프로젝트를 시작하게 되었고 어떻게 해결책을 생각하게 되었는지, 해결책을 시험적으로 실행하는 데 어떤 어려움이 있었는지 등 듣는 사람이 마치 자기도 프로젝트에 참여한 것 같은 착각이 들 정도로 실감나게 이야기를 정리한다. 이야기 짓기는 어린 시절 친구들과 늘 하던 일이다. 듣는 사람이 감정이입 할 수 있는 등장인물을 내세워 도입, 전개, 갈등, 클라이맥스, 결말의 이야기를 나름 만들어 본다. 설득은 논리보다도 감정이라는 사실을 기억하길 바란다.

훌륭한 문제해결 리더가 되려면

우선 이 책에서 배운 창의적 문제해결 과정을 익히고 기회가 될 때마다 적용해본다. 종이 한 장과 연필, 혹은 화이트보드만 있으면 된다. 문제해결 상황이 되면 일정 시간을 투자해서 목표 달성과 조금이라도 연관 있어 보이는 사항을 조사한 후 종이 위에 현상 및 문제점, 원인, 근본원인, 해결의 방향성에 대한 1차 가설을 정리한다. 이후 이 가설을 바탕으로 관찰, 질문, 사실이나 데이터 확인을 한 후 두세 번 가량 가설을 업그레이드한다. 특히 이 단계에서 민감도 분석, 상관도 분석 등 판단의 방향성을 정하는 데 핵심적인 분석 방법을 잘 활용한다. 해결의 방향성은 단순한 문제에서는 그대로 해결의 방향성이지만 복잡한 문제에서는 목적을 달성하는 데 중요한 진짜 문제를 선정하는 기준이 된다. 이후 배운 도구와 상상력을 활용하여 해결책 대안을 만든다. 현재 사용되는 방법의 연장선에 있는 해결책부터 완전히 새로운 방식의 해결책까지 폭넓게 생각한다. 장단점과 리스크를 고려해 선택한 후 실행한다.

14장 협력하는 법, 협력을 이끄는 법

앞에서도 강조했지만, 대부분의 문제해결은 개인적인 활동이면서 동시에 수많은 다른 사람과 협력해야 하는 팀 활동이다. 사람들은 해당 문제의 특성과 자신의 관심, 기여 가능성에 따라 어떤 문제에는 팀 리더로 참여하고 어떤 문제에는 팀원으로 참여한다. 종래의 리더십은 항상 앞에서 이끄는 존재를 가정한 연구결과였다. 하지만 조직 구성원 개개인이 보다 창의적 문제해결 활동에 주도적으로 참여케 하려면 조직의 리더는 어느 때는 앞장서서, 어느 때는 뒤로 빠져서 격려와 지원만 하는 것이 좋다. 리더십 개념도 문제해결 방법만큼이나 다각도로 접근할 필요가 있다.

팀 리더로 나설 때와 팀원으로 있어야 할 때

어느 조직이나 특정한 문제해결을 이끌거나 지원하는 데 적합한 직책이 있다. 예를 들어 품질 문제가 불거지면 자연스럽게 품질 담당 부서장이 직접 문제해결을 주도하거나 태스크포스팀을 구성해 활동을 지원한다. 품질 담당 부서장이 해당 문제와 업무 간 관련성 면에서 봤을 때 직접적인 당사자이고 관련 경험과 지식도 많다면 그 사람은 자연스럽게 이 문제에 리더로 인식된다. 이럴 때는 책임자 본인이 손들고 나서면 된다.

최고책임자가 인지한 조직 내 중요 문제에 대해서는 그가 직접 태스크포스팀을 꾸려 누군가를 공식 리더로 정하기 마련이다. 이때는 상부의 지시에 따르면 된다.

하지만 어떤 문제는 당신의 관점에서는 심각한 문제임에도 리더가 불분명하고 그렇다고 최고책임자가 누군가를 공식 리더로 지정할 만큼 문제가 주목을 끌지 못하는 경우가 있다. 이럴 때는 문제의 내용과 특성을 충분히 이해할 때까지 개인 프로젝트로 진행하다가 적절한 시기에 상급자에게 노출하여 프로젝트화 하면 된다.

개인적 관심이 크고 관련 지식과 경험이 문제해결에 큰 영향을 끼칠 경우에는 직접 리더가 되기를 자원하든지 여의치 않으면 팀 멤버로 참여한다.

공식적 권한 없이 발휘하는 리더십

많은 조직이 수평화되고 있다. 과거처럼 조직 책임자와 그 위에 상급 조직 책임자가 사업 방향과 과제의 우선순위를 정하고 인력을 배분하는 일이 아예 없을 수는 없겠지만 많은 경우 수평 관계에 있는 동료들이 자발적으로 문제를 제기하고 해결에 참여하는 일이 점점 많아지고 있다.

수평적 조직에서 공식적인 직함은 없지만 조직(정확하게는 동료)에 대한 헌신과 전문성으로 동료들로부터 리더로 존경받는 사람이 있다. 기업을 포함해 많은 조직이 수평적 조직에서 공식적 권한이 없이 발휘하는 리더십에 관심을 갖고 있다. 이런 리더가 되려면 '생각의 리더십'을 갖는 게 중요하다. 항상 현상 뒤에 있는 문제를 발견하고 이에 대한 개선 방법을 찾는 데 열정적이고 다양한 해결 아이디어를 실험하는 데 도전적인 사람이 권한 없는 리더일 가능성이 크다.

이들은 이미 특정 방면에 상당한 지식과 경험을 축적했기 때문에 다른 사람을 이끌고 도울 수 있는 사람이다. 그들의 의견은 깊은 생각을 거쳐 현실에서의 적용 가능성을 염두해 둔 것이기에 설득력이 있다. 그래서 직급을 뛰어넘어 많은 사람이 그에게 조언을 구하고 프로젝트에 참여해주길 제안한다. 일상생활에서도 그렇지만 업무관계로 맺어진 기업 조직에서는 특히나 문제해결에 도움되는 사람이 영향력이 있기 마련이다.

팀 다이너믹스

어떤 협동 작업이든 마찬가지지만 문제해결 활동에도 무임승차자 문제가 있고 구성원 간 갈등과 분쟁이 불거진다. 개성과 가치관이 다른 여러 사람이 모이는 곳은 다 그렇다. 가장 이상적인 팀의 모습이란 목적에 전원이 몰입하여 각자 맡은 일을 하면서 공동의 힘이 필요할 때는 주저없이 뛰어들어 해결하는 것이다.

이런 팀을 만들려면 팀 전체의 리더가 반드시 해야 할 일이 있다. 우선 목적을 분명히 하고 이에 대한 팀 멤버들의 동의를 확실히 구해야 한다. 위대한 성과를 낸 팀을 보면 몇 가지 특징이 있다. 모든 사람에게 큰 의미가 있는 목적을 모든 사람이 공유했다. 그리고 팀원 각자의 업무가 개인의 희망, 기여 가능성에 의해 공정하게 배분되었다. 또한 모두들 본인이 잘하는 분야에서는 리더 역할을 자임하고 다른 사람이 리더인 분야는 지원을 아끼지 않았다. 뿐만 아니라 팀은 공동체로서 함께 문제에 도전하고 해결하고 결과에 대한 책임이나 보상도 물론 함께 나눈다는 점에 동의했다. 필요한 정보와 도움을 주고받을 수 있도록 가급적 매일 서로의 작업 진행을 공유했으며, 정기적으로 새로운 내용과 향후 방향에 대해 논의하는 습관도 갖고 있었다.

팀 구성도 중요하다. 모든 멤버가 생각과 취향이 비슷해서는 안 되며, 팀 리더와 의견이 다른 경우 말을 꺼내기가 불편해서도 안 된다. 동질성으로 뭉친 팀은 집단 사고를 하기 쉽다. 진정 창의적 문제해결을 원한다면 다양한 배경과 성향을 가진 구성원으로 팀을 구성하는 것이 중요하다. 앞에서 얘기한 레드팀 운영도 이런 맥락에서 이해하면 된다. 어떤 모임이든 갈등이 없을 수는 없다. 팀 리더는 팀 전체 회의를 주재하면서 각 구성원에게 가급적 독립적으로 일을 하도록 안배하고, 협력이 필요할 때는 중재자로 나서 갈등을 선행적으로 관리하도록 한다.

함께 아이디어 내기

여러 사람의 관점과 아이디어를 활용하면 문제해결 활동의 효율성을 크게 향상시킬 수 있다.

우선, 문제 정의 단계에서 모든 참여자가 목적을 이해한 후 일정 시간 조사와 숙고의 시간을 가진 후 한자리에 모인다. 종이나 화이트보드의 맨 윗줄에 현상 및 문제점, 원인, 근본원인, 과제(목표 달성을 위한 진짜 문제)라는 제목을 적고 각 제목 밑에 참여자가 말하는 것을 적는다. 포스트잇에 써서 붙여도 된다. 프로젝트 전체에 대한 1차 가설이 만들어지는 것이다. 이후 가설에 대한 검증 작업을 하고 결과에 따라 가설을 수정한 후 진짜 문제(들)를 정한다.

문제해결책 대안 만들기 단계에서는 각자 문제해결 방향에 대한 아이디어를 발표하고 이에 대해 토론하면서 가능성 있는 아이디어를 발전시킨다. 경우에 따라서는 브레인스토밍을 할 수도 있지만 각자 준비해 오는 것이 효과적인 경우가 많다.

문제해결책 선정 단계에서는 실무팀이 작성한 선정 기준과 결과에 대해 비판적 토론을 진행함으로써 완성도를 높인다.

실행 단계에서는 종이나 화이트보드에 누가 무엇을 언제까지 할 것인지에 대해 구체적으로 적는다.

성찰 단계에서도 마찬가지로 종이나 화이트보드를 준비해 맨 윗줄에 기대효과, 실제 결과, 차이의 원인이라는 제목을 적고 각 제목 아래 관찰 및 판단 내용을 가설적으로 적고 관련 데이터를 모아 확인한다.

팀이 안정적일 때 각자 다른 지식과 성향을 가진 멤버 구성은 참신한 아이디어 발상에도 도움이 될 뿐만 아니라 비판적이고 균형적 시각도 제공한다는 장점을 지닌다. 팀 리더의 역할은 이들 구성원이 주도적으로 참여할 수 있는 분위기를 조성하고 아이디어 제시와 의견 표출을 스스럼없이 하도록 심리적 지원을 아끼지 않는 것이다.

가설 설정을 위한 아이디어 회의는 여러 배경과 경험을 가진 5~6명 정도가 모인 가운데 전문 훈련을 받은 책임자가 이끌 때 가장 효과적이다.

인터넷을 활용한 공동 작업

공동 작업은 직접 모여 진행하는 것이 최선이지만 인터넷상 화상회의 등 기술의 힘을 빌어서 하는 경우도 오프라인 못지않은 시너지를낼 수 있다. 컴퓨터 화면 한편에는 작업 화면(화이트보드에 해당)이,다른 한편에는 자료 화면과 작업자의 얼굴이 나와 마치 오프라인공간에서 회의를 하는 듯한 효과를 얻을 수 있다. 실리콘밸리나 글로벌 기업은 IT 기술을 이용해 공동 작업하는 방식에 굉장히 익숙하다. 한국에서도 일부 대학과 벤처 회사는 이런 방식을 활용하여 시간을 절약하고 다같이 모이는 수고를 줄이고 있으나, 여전히 인터넷을 활용한 이러한 공동 작업이 어색한 것이 현실이다. 앞으로 꼭 익혀야 하는 습관이다.

설득의 기술

문제해결 작업은 그 과정에서 다른 사람의 동의와 협조를 얻을 일이많다. 동의와 협조를 얻으려면 설득해야 하는데 설득이야말로 앞에서 말한 것처럼 내용보다는 감정의 문제이다.

《설득의 심리학》으로 유명한 로버트 치알디니 교수가 정리한 설득의 6가지 원칙을 소개한다.

설득의 6가지 원칙

---

1. 상호성의 원칙: 남에게 무엇을 받으면 보답해야 한다는 심리가 있다.

---

2. 일관성의 원칙: 일단 어떤 선택을 하거나 입장을 취하면 일관되게 유지하려는 심리가 있다.

---

3. 사회적 증거의 원칙: 다른 사람이 옳다고 생각하는 바에 크게 영향을 받는다. '100만 명 돌파'가 먹히는 이유이다.

---

4. 호감의 원칙: 좋아하는 사람이 부탁을 하면 거절하지 못하는 심리가 있다.

---

5. 권위의 원칙: 권위를 가진 사람의 말에 맹종하는 심리가 있다.

---

6. 희소성의 원칙: 희귀하거나 한정된 것에 더 큰 가치를 두는 심리가 있다.

출처: 《설득의 심리학》, 로버트 치알디니 저, 황혜숙 역, 21세기북스, 2013

15장 이노베이션에 친화적인 환경 만들기

일 터가 창의적인 생각이 넘치는 역동적인 곳이 될 수는 없을까? 리더라면 당연히 고민해야 할 사안이고 영향력을 발휘하려면 이런 일에 응당 에너지와 관심을 쏟아야 한다. 이노베이션이 격발되는 조직을 만드는 데 도움될 만한 조언을 정리해봤다.

자발적 문제해결 활동에 우호적인 환경을 만든다

호기심과 상상력은 창의적인 문제해결에서 가장 중요한 자질이다.

문제를 유형별로 나눠 해법을 익혀온 사람은 정형화되고 표준화된 문제에는 강하겠지만 정답이 없는 인생의 복잡한 문제를 만나면 무기력해진다. 기업도 지금까지는 식스시그마, NPI 프로세스 등 정확히 배우고 빠르게 학습하면 성과를 내는 일을 잘해왔다. 그러나 이제 그런 능력은 창의력이 필요한 요즘 시대에 환영받지 못한다. 지나치게 잘 정비된 체크리스트와 분석 포맷이 오히려 생각의 장벽으로 작용한다.

이 책이 제시하는 창의적 문제해결법의 요체는 비판적 사고와 상상력이다. 이러한 비판적 사고와 상상력은 개인이 자발성을 가질 때 비로소 발휘된다. 스타트업이라면 모를까 대부분의 대규모 조직에서 개인의 자발성, 주도성이 발휘될 공간은 별로 없다. 주어진 일을 근무시간 내 마치기도 빠듯한데 무슨 자발적 문제해결이냐고 할지도 모르겠다. 그러나 자세히 들여다보면 바쁘다고 하는 일의 상당 부분이 사실은 자동화와 표준화, 메뉴얼화, 화상회의, IT를 활용한 정보 공유 등을 통해 해결할 수 있는 것들이다. 이렇게 절약된 시간을 고객 가치 향상에 기여하는 상품을 개발하는 데 사용하거나 원가를 획기적으로 낮추는 사업 모델을 구상하는 데 투입한다면 더없이 이상적일 것이다.

그렇다면 이처럼 조직이 개인의 자발성을 최대한 끌어내려면 어떻해야 할까? 우선 조직의 미션이 무엇인지를 구체적으로 정해 모든 사람이 알게 해야 한다. 제품·서비스 사업 조직이라면 제공하고자

하는 고객 가치와 관련된 것이 미션으로 제시될 수 있다. 예컨대 '모든 사람이 개인용 컴퓨터를 쓸 수 있도록 하자' 내지는 '모든 노년층이 지금까지 살아온 집에서 필요한 도움을 받으면서 여생을 보낼 수 있도록 돕는다'가 이러한 미션에 속한다. 한 기업 내 교육부서라면 '우리 회사의 이노베이션을 이끌고 수행할 리더를 양성한다'가 미션이 될 수 있다.

미션을 정하고 모든 구성원에게 알린 다음에는 각자 자기 업무를 잘 수행하도록 동기부여하는 한편 자발적으로 문제해결 활동을 하도록 적극 권장한다. 지금까지 실패를 용인하지 않는 문화였다면 구성원이 안심하고 문제해결에 집중할 수 있도록 이와 관련된 활동은 개인 업무계획에 포함시키지 않아도 된다고 공표한다. 또한 실적평가 기간과 상관없이 자발적 참여를 통해 조직 내 문제해결에 기여한 바(본인이 적게 하고 인사를 통해 확인한다)가 있다면 이에 대해 가산점을 주도록 한다.

자발성을 높게 평가한다는 회사 방침을 피력하기 위해서는 어떻게 해야 할까? 개인의 업적 평가는 스스로 정한 과제와 목표에 대해 스스로 평가할 수 있도록 객관적 지표와 정성적 내용을 미리 정해놓았다가 절대 평가하도록 한다. 물론 과제와 목표는 상사와 충분한 사전 논의를 거쳐 정한다. 모든 구성원에 대한 평가를 마쳤을 때 대다수가 '기대 수준 충족'으로 분류되도록 평가 기준을 적절히 조정하고, 맡은 업무 외 조직 전체 과제에 자발적으로 기여하거나 새로운 시도를 한 사람을 소수 선정하여 '우수'로 인정해주고 이에 대한 보상을 한다.

한국의 조직들은 지금까지 상명하복, 일사불란의 원리로 운영되어 왔다. 자발성과 창의성과는 다소 거리가 먼 특징이다. 이제 수평적 리더십과 문화, 조직 내 다양성을 옹호하는 분위기로 바뀌어야 한다. 조직 자체가 가진 관성에 젖어 익숙한 대로 하려고 하는 사람은 의식적으로 벗어나고자 노력해야 한다.

업무노트

리더라면 구성원 스스로 자기가 업무의 주인이라고 생각하고 주도적으로 행동하길 바랄 것이다. 안타깝지만 업무 현장에서 그런 일은 매우 드물다. 자기주도성이 높고 에너지 레벨이 높은 사람은 환경에 상관없이 스스로 생각하고 움직이지만, 그렇지 않은 대부분은 조직 구조와 문화가 주도성을 격려하지 않는 한 수동적으로 반응한다.

주인으로서의 인식과 행동을 강화하려면 조직 구조를 가급적 수평적이면서 개인이 스스로 일을 완수하도록 만드는 것이 좋다. 그러니까 리더가 방향을 설정하고 운영 룰을 구체적으로 정하면 개개인이 자기 일을 책임지면서 그 결과를 시스템으로 공유하도록 하는 것이다. 차제에는 이보다 더 강도를 높여 개개인에게 구체적으로 임무와 그 임무와 관련된 모든 것을 할 수 있는 권한을 줌과 동시에 결과에 책임지게 하는 단계로 올라간다. 상호 협력이나 지식 공유도 조직이 강요하는 식

전문지식과 역량을 축적하는 메커니즘을 구축한다

수많은 좋은 아이디어가 구현 단계, 특히 대량생산 내지 대규모 서비스 단계에서 품질 문제나 완성도, 원가 문제를 해결하지 못하여 상용에 실패했다. 필자의 G5 실패 경험에서 보듯 어떻게 보면 이정동 교수가 《축적의 길》에서 얘기하듯이 아이디어가 없어서 이노베이션을 못하는 것이 아니라 스케일업을 할 수 있는 축적된 기술과 노하

이 아니라 각자 일을 더 잘하는 데 필요한 자연스러운 활동으로 인식되도록 섬세한 운영이 필요하다. 일례로, 정보 공유를 위한 회의도 양방향 비디오 컨퍼런스로 기획하고 의무적 참여가 필요한 회의는 최대 1시간을 넘지 않는다는 규칙을 정할 수 있다.

'신참자는 잘 모르니 배워야' 하고 '상사나 선배의 말은 일단 따라야' 하는 식으로는 결코 수평적인 문화나 개인 책임의식을 고양시킬 수 없다. 참된 리더라면 기회가 될 때마다 다음과 같이 말해야 하고 실제로도 그렇게 행동해야 한다.

"회사는 학교가 아니다. 자기 일은 자기가 책임져야 한다. 일을 잘하는 데 필요한 것을 배우는 것도 자기 책임이다. 상사와의 좋은 관계는 지시에 순응하거나 친하게 지내서가 아니라 자기 일을 잘해 프로로 인정받는 순간 만들어진다."

우가 조직 내 없어서 못하는 것이 맞다는 생각이 든다. 한국 기업은 고객 가치에 대한 근본적 질문을 던져야 한다. 그리고 이를 해결하기 위해 여러 독자적 아이디어를 실험해보는 이노베이션의 앞부분과 스케일업이라는 뒷부분 양쪽 모두 지금보다 훨씬 더 활성화시켜야 한다.

사실 한국의 여러 조직이 이런 전문지식 내지 역량을 축적할 필요성을 깨닫고 꽤 오래 전부터 자기 분야의 전문성만 있으면 임원이 되지 않아도 좋은 대우를 보장하는 전문위원 제도 등을 운영해 왔다. 그러나 여전히 많은 사람이 관리직이 되면 전문지식 습득이나 역량 강화는 제쳐두고 관리 업무에 치중한다. 이래서는 리더라도 독자적인 개념설계를 요구하는 현 시대에서 도태될 수밖에 없다. 전문지식과 역량 면에서 자기 분야 최고 수준이 되어야 구성원을 이끌 수 있다. 실제 문제해결에 무능력하고 일정만 닦달하는 리더를 누가 따르겠는가?

더구나 앞으로는 조직의 수평화 및 업무 자동화가 가속화되면서 입사자 10명 중 8~9명은 직장 생활 내내 혼자 일하는 개인 전문가로 일할 것이다. 개인이 40대 이후까지 조직에 남아 있으려면 자기 전문 분야에서 새로운 시도와 시행착오를 거듭해 노하우를 축적하고 재교육을 통해 지식을 업데이트해야 한다. 그리고 회사는 이런 사람이 계속 자기 자신을 갱신할 수 있는 분위기를 조성해야 한다.

문제해결 큐레이터를 키운다

문제해결 과정을 익히고 도구를 학습한다고 바로 문제해결 능력이 생기지는 않는다. 비판적 사고와 상상력을 발휘하고 관련 핵심 개념을 이해하고 분석과 종합의 스킬을 충분히 경험 내지 습득하기 위해서는 생각과 논의를 촉진하고 분석을 도와줄 큐레이터가 필요하다. 문제 유형과 작업 프로세스가 표준화되어 있는 기존의 문제해결 활동에서 큐레이터는 방법과 절차의 전문가이자 토론의 촉진자일 뿐이었다. 하지만 창의적 문제해결 활동은 정해진 체크리스트에 따라 진행하는 방식이 아니기 때문에 이때의 큐레이터는 구성원과 함께 조사하고 함께 가설을 만들고 확인하고 해결책을 찾고 이를 실행하는 과정에 참여해야 하는 생각의 리더이다. 이런 큐레이터는 단기간에 육성되지 않는다. 또 다른 능력 있는 큐레이터와 함께 여러 프로젝트에 참여하면서 옆에서 배우고 익히는 과정을 반복해야 만들어진다. 마치 대가의 피드백과 코치를 받으며 지식과 노하우를 전수받아 또 다른 대가가 탄생하는 것과 비슷하다.

미래에 기업이 원하는 인재는?

'이노베이션 활성화를 이끌 리더 양성'이라는 주제를 놓고 꽤 오랫동안 씨름해왔다. 그 과정에서 우리나라 교육에 대해서 많은 생각을 하게 되었다. 현재 많은 대학이 모의 창업이나 문제해결 프로젝트 등 새로운 시도에 나섰지만 필자가 보기에는 훈련 한 번 받아본 적 없는 사람을 맨몸으로 한 겨울 황무지에 떨어뜨려 놓고 살아서 돌아오길 바라는 모양새로 보인다. 물론 대학에서 이런 프로그램을 경험하는 것이 아예 없는 것보다야 낫겠지만 대학 입학 전까지 암기와 문제 유형별 해법을 훈련받고 정해진 정답 찾기에 주력해온 그들이 몇 번 새로운 경험을 한다고 문제를 창의적으로 해결하는 방법을 익힐 수 있을까? 글쎄, 필자로서는 부정적이다.

21세기 화두는 단연 '창의성'이다. 그래서 인문학이나 인지심리학 중심으로 창의성에 대한 세미나와 강좌가 일반인을 대상으로도 많이 개설되고 있다. 고전을 통해 인간 본성에 대한 이해를 넓이고 미학을 통해 아름다움에 대한 개념을 배울 수 있는 좋은 기회가 많아지는 것이다. 그런데 가장 많이 관심을 보일 것 같은 학생층은 정작 시큰둥하다. 이유인즉슨 학점이나 스펙, 취업에 별 도움이 안 되기 때문이란다.

　지금 우리나라 학생 중에 몇 명이 다른 사람의 주장에 대해 자기 생각을 일목요연하게 공개 발표해 봤을까? 또 몇 명이 어떤 주제에 대해 자기 나름의 의견을 합당한 근거와 함께 써봤을까? 이런 상황이니 리포트 과제를 내주면 인터넷의 글들을 그럴 듯하게 짜깁기해서 제출할 뿐, 자신의 생각을 말하거나 쓰는 일에 거북해한다. 더구나 글쓰기 훈련의 근본은 본인이 직접 써보고 전문가로부터 피드백(명확성, 논리, 근거, 구성 등)을 받은 후 수정 및 재작성하는 과정을 반복하는 것인데 이런 기회는 극히 소수만 누릴 수 있다. 안타깝지만, 대학에 들어와서도 이런 훈련은 거의 기대할 수 없다. 국내 대학과정을 통해 글쓰기 능력에 필요한 비판적 사고와 상상력을 키우기란 요원한 일이기 때문에 이런 자질 개발은 개인적 관심과 수고에 기대는 형편이다. 그래서 외국 유학을 계획한다거나 해외 취업을 희망하는 사람 중에는 자기소개문 내지 학습계획서 및 관련 에세이 작성을 위해 전문 튜터를 섭외해 카운슬링을 받는 경우가 많다.

　대학은 대학대로 사회가 필요로 하는 인재를 양성하는 데 전력투구하고 있다. 이를 목표로 전공 커리큘럼이 재조정되고 심지어 학과 통폐합도 실행된다. 그렇다면 미래에 기업이 원하는 사람은 어떤 사람일까? 기업 조직에 오래 몸담은 필자에게 질문한다면 이렇게 대답하겠다. "비판적 사고와 함께 호기심과 상상력이 왕성한 반면 다른 사람과도 협력할 줄 알아 무언가를 만들어내는 데 익숙한 사람을 기업은 원한다." 한마디로, 기업은 '창의적 문제해결을 잘하는 사람'을 찾는다. 이렇게 하려면 일정 부분 지식이 필요할 테지만, 하루가 다르게 인터넷에 새로운 지식이 쏟아져 나오는 지금 더 중요한 것은 비판적 사고와 상상력이다. 그리고 비판적 사고와 상상력을 이용해 창의적으로 문제를 정의하고 해결하는 능력이다.

지금까지 한 얘기를 돌아보니, 필자가 바라는 대학교육은 리버럴 아츠 대학의 교육 이념 및 커리큘럼과 비슷한 점이 많다. 리버럴 아츠 대학은 비교적 소규모의 학부중심 대학을 말한다. 인문학 또는 자연과학 어느 한 쪽에 치우치지 않는 균형을 중요시하며 토론 중심의 교육 과정이 많다. 특히 이들 대학이 읽기와 쓰기, 토론 등을 통해 비판적 사고방식을 고양시키는 데 집중한다는 점에서 더더욱 필자의 관심을 끈다.

요즘은 기존의 대학 개념을 벗어난 혁신적인 대학이 등장해 미래 교육을 주도하고 있다. 일례로 2014년 설립된 미네르바 대학은 100퍼센트 온라인 강의 대학으로, 캠퍼스가 없다. 합격률 1.9%로

'하버드 대보다 입학하기 힘든 대학'으로 이름나 있으며 입학생은 전세계 7개 도시에 있는 기숙사를 돌면서 기업 및 비영리단체, 정부 기관과의 협업을 경험한다. 미네르바 대학은 '단순한 지식 전달 채널로서의 대학은 인터넷의 발달로 효용을 잃게 될 것'으로 내다보고 비판적 사고와 창의적인 생각, 효과적인 의사소통과 상호작용을 학습의 최우선으로 둔다. 이러한 학교의 커리큘럼이 당장 우리의 목적과 현실에 그대로 적용될 수는 없겠지만 적어도 그들의 철학과 방향성은 배울 필요가 있다. 다행히 우리나라 대학은 일정 수준의 교양과정을 의무적으로 이수하도록 강제한다. 이런 교양과정을 마지못해 '들어야 하는' 과정이 아닌 스스로 생각하는 습관을 익히고 생각의 도구를 구비할 수 있는 핵심과정으로 만들면 좋지 않을까? 그래서 '교양과정'이라는 말도 교양이라는 말이 풍기는 '있으면 좋지만 없어도 무관한'의 뉘앙스를 배제해 '공통핵심과정'이라고 하면 어떨까 제안해 본다.

특히 대학 초년 시절에 공통핵심과정을 통해 삶의 의미와 목적, 아름다움에 대해 배우고 이에 대해 자기 생각을 정리해 본다든지, 다른 사람의 글을 읽고 비판하면서 그 근거를 써본다든지, 우리가 살고 있는 세상(물리적 세상이든 인간이 만든 사회이든)이 어떻게 작동하고 있고 그 근본원인이 무엇인지에 대해 탐구해본다든지 하는 경험을 해봐야 한다고 생각한다. 세상의 온갖 주장에 대해 비판적으로 이해하고 자기 스스로 생각하는 방법과 관련 도구를 배우고 익힐 수 있는 기회는 대학 1~2학년이 적기이다. 꼭 훗날을 위해서만이 아니라 당장의 학창 시절도 이런 학습 경험을 통해 훨씬 풍성해지고 재밌어질 것이다. 만약 과학 과목을 통해 물리적 세상의 작동원리를 배우고 통계학이나 과학 실험 디자인 과목을 통해 문제해결 방법을 익힘으로써 스스로 생각하고 스스로 문제를 해결하는 즐거움이 어떤 것인지 알게 된다면, 또 고전이 그저 옛날의 것이 아니라 지금의 사회제도와 가치관에 어떻게 녹아들어 있고 어떻게 변질 및 왜곡되는지 비판적으로 분석하고 이해하는 경험을 해본다면, 그 자체로 지적 도전으로 가득 찬 대학 생활이 될 것이다. 한 가지 더 제안하자면, 차제에 전공도 학부 때는 사회과학 학부, 자연과학 학부, 인문과학 학부, 공학부 등으로 나눠 지금보다 넓은 범위를 학습하도록 했으면 한다. 세분화된 전공 공부는 그 뒤에 해도 늦지 않다고 생각한다.

문제의 주인이 되다

지금의 제품과 서비스, 경영방식으로는 AI, 빅데이터 중심의 제4차 산업혁명, 디지털 혁명, 바이오 혁명을 따라가지 못한다. 그간 우리나라는 선진 기업이 만들어 놓은 개념설계를 가져다가 상황에 맞게 개선하여 저가 상품으로 시장에 내놓는 방식으로 발전을 이룩해왔다. 독창적인 개념이나 기술을 개발하는 일을 미뤄오다가 '모방과 개발' 두 분야 모두 초고속 성장을 보여주는 중국 기업이 대거 등장하자 생존의 위기와 더불어 거대한 변화에 직면한 것이다.

실제로 한국의 조직문화는 스스로 문제를 정의하고 나름 생각하여 해결책을 찾는 것과는 거리가 멀다. 우리는 문제해결을 위한 아이디어 발상은 물론이고 이를 실험하고 시행착오를 통해 역량을 축적하는 데 익숙하지 않다. 비단 기업만의 문제가 아니다. 교육계, 학계, 예술계 어느 분야를 막론하고 공통적으로 느끼는 문제이다. 더욱더 안타까운 것은 이런 문제가 기업을 중심으로 사회 전반에 걸쳐 제기된 지가 꽤 됐는데도 별 뾰족한 수가 없어 지금까지 해오던 대로나 열심히 하자는 분위기가 팽배해 있다는 사실이다. 이런 사회적 조건에서 청년층이 겪는 현실은 우리를 걱정스럽게 한다. 중소기업은 물론이고 대우가 낫다는 대기업 및 금융기관 입사자, 정년이 보장된 안정된 공무원조차도 일이 재미 없다는 사람이 많다. 그렇게 어렵게 입사한 대기업의 신입사원 퇴사율이 3년 내 두 자릿수 퍼센트를 기록한다. 회사 내 도전적으로 열정을 쏟을 만한 프로젝트가 없는 데다 조직문화도 여전히 상명하복을 벗어나지 못하다 보니 90년생을 대표로하는 새로운 세대는 밥벌이를 위해 업무시간에는 시키는대로 충실히 하겠지만 그 외 시간은 건드리지 말라는 논조로 굳어진다.

현재 우리 사회에 가득찬 위기의식은 사실 과거에도 늘 있었다. 현실의 모든 것이 세상 흐름에 뒤쳐져 보이고 새로운 변화에 적응하지 못해 꼬꾸라질 것 같아도 30~40년이 지나 돌아보면 이런 고비가 10~15년 주기로 계속 나타났다는 것을 알 수 있다. 비즈니스 세계의 역사만 봐도 그렇다. 1980년대는 단순조립형 세트 방식으로는 일본과 중국에 치어 내리막길을 걸을 거라는 걱정과 함께 자체 설계 기술력과 브랜드력을 요구하는 목소리로 난리였고, 90년대 후반부터 2000년 대 초반에는 핵심원천기술과 핵심 부품, 명품 수준의 디자인, 품질, 기능을 갖추지 못했다고 아우성이었다. 인재나 노하우는 그때도 없었다. 이러한 우려와 부정적 전망은 늘 이번만은 확실하다고 자신하는 듯했다. 하지만 혁신의 필요성이 사회 각층에 깊이 인식됨에 따라 기업체 및 사회층 리더가 먼저 움직여 인재를 키우고 집중적으로 투자를 행했고 그 결과 세계적 경쟁력을 갖춘 지금의 우리나라가 건설되었다.

지금 다시 기업과 사회가 움직이기 시작했다. 소프트웨어 기술자에 대한 재교육이 대대적으로 진행되고 있고, 기업과 학교에서 창의력을 키우고 스스로 생각하는 능력을 키우기 위한 프로그램이 가동 중이다. 새로운 세대와 일하기 위해 조직문화를 수평적으로 만들기 위한 시스템 쇄신이 한창이며, 개인의 주도성과 자발성을 높이기 위해 인사고과를 비롯해 프로젝트 진행 방법에 혁신이 일고 있다. 한국 사회 특유의 역동성이 다시 발휘되기 시작한 것이다. 물론 효과는 상당한 시간이 지나야 나타날 것이다. 하지만 분명히 우리 기업과 사회는 이번 고비도 헤쳐 나가 한 단계 더 올라설 것이다. 문제는, 그 과정에서 적응하지 못하고 숱하게 쓰러져갈 개인과 개별 기업들이다.

필자는 지금 눈에 보이는 현실이 어둡다고 청년들 개개인이 스스로 생각하기를 포기하고 문제해결 역량을 키우기 위한 노력을 게을리할까봐 걱정이다. 필자는 우리 청년들이 10년을 내다보고 지금부터 '문제의 주인'이 되겠다는 결심을 해주기를 희망한다. 그리고 당장 창의적 문제해결을 습관화하기 위해 구체적으로 노력해줄 것을 주문한다. 바로 내일 차이가 생기는 것은 아니다. 그러나 3년, 5년이 지나면 놀라운 열매가 맺힐 것이다. 인생에서 문제의 주인으로 서 있는 것은 물론이고 한국 사회, 한국 기업이 가장 필요로 하는 인재가 되어 있을 것이다.

그간 회사 임직원을 대상으로 특강을 할 기회는 제법 있었지만 문제 해결 방법에 대해 책을 쓰게 되리라고는 생각하지 못했다.

먼저, 골치 아픈 주제라 많이 팔릴 것 같지 않음에도 불구하고 우리나라 젊은 인재에게 꼭 필요한 책으로 평가해 집필을 독려하고 집필 단계마다 도움을 준 출판사 지식노마드의 김중현 사장께 감사의 말을 전한다. 책에 나오는 그래픽 작업을 도와준 LG인화원 문보경 사원에게도 감사의 말을 전한다.

초기 원고를 읽고 조언을 아끼지 않았던 이정동 교수, 김경일 교수, 김언수 교수 세 분에게도 감사의 마음을 전한다. 이분들은 내게 영감까지 준 든든한 지원군이셨다. 사업으로 바쁜 가운데서도 초기 원고를 읽고 유익하면서도 구체적인 조언을 해준 신용재 동문에게도 감사의 인사를 전하고 싶다.

LG인화원의 송민환 상무, 정재영 상무, 김종성 책임, 김명수 책임, 고종훈 책임, 김성락 책임, 정희석 책임 등 많은 임직원이 기업 학습 전문가의 관점에서 책 내용에 대해 귀중한 피드백을 아끼지 않았다.

무엇보다도 처음부터 끝까지 이 책을 쓰도록 격려하고 지지해준 아내 김희신 박사에게 고맙다는 말을 전하고 싶다. 그녀의 격려와 지원이 없었다면 이 책은 존재하지 않았다.

책에 등장하는 수많은 사례는 실제 상황을 소재로 최종 필자의 상상력이 빚은 것이다. 불필요한 억측이나 오해가 없도록 최선의 노력을 했지만, 읽으면서 혹시 불편한 점이 있더라도 널리 이해해 주길 바란다.

마지막으로 위의 많은 분들이 조언과 피드백을 주셨고 이를 반영하려고 애를 썼음에도 드러난 부족한 점은 오롯이 필자의 책임이라는 점을 말씀 드리면서 감사의 말을 마무리한다.

추천도서 목록

각 분야의 기본 지식을 쌓기 원하는 독자를 위해 추천한다.
국내 번역 출간된 경우 한국어판 제목으로 표기한다.

1.《제5경영》
피터 센게 저, 안중호 역, 세종서적, 1996 (《학습하는 조직》으로 2014년 개정판 출간)
기업을 학습조직으로 전환하기 위해 시스템 사고법을 사용하는 문제해결 방식을 잘 설명해
준다.

2.《통계학 도감》
쿠리하라 신이치·마루야마 아츠시 공저, 김선숙 역, 성안당, 2018
데이터 분석을 배우려는 통계학 초보를 위한 책이다.

3.《로지컬 씽킹》
데루야 하나코·오카다 게이코 공저, 김윤경 역, 현창혁 감수, 비즈니스북스, 2019
로직 트리, MECE 분석에 대해서 더 공부하고 싶을 때 좋은 책이다.

4.《축적의 길》
이정동 저, 지식노마드, 2017
콘셉트 디자인의 의미와 새로운 콘셉트 디자인을 만드는 것이 왜 중요한지 그 이유를 잘 설
명하고 방법들을 제시한 책

5.《이끌지 말고 따르게 하라》
김경일 저, 진성북스, 2015
인지심리학자다운 리더십 조언들이 현장 경영자에게 유독 와 닿을 것이다.

6. 《전략의 탄생》
애비너시 딕시트·배리 네일버프 공저, 이건식 역, 김영세 감수, 쌤앤파커스, 2009
게임이론에 관해서는 이 책에서 많은 아이디어를 얻었다.

7. 공학 분야의 시스템을 다루는 책은 많지만 사회현상이나 비즈니스 상황과 관련하여 종합적으로 시스템을 다룬 책은 아직 발견하지 못했다. 피터 센게의 《제5경영》이 시스템적 사고를 다루고 있지만 시스템 전반을 아우르지는 않는다. 필자는 〈Complex Systems Theory and Bio Dynamics: Complexity, Emergent Systems and Complex Biological Systems〉 등 관련 논문과 글을 찾아 문제해결의 맥락에서 이해·적용하였다.

8. 《최적화 실험설계의 이론과 적용》
김기도·김희택 공저, 한양대학교출판부, 2007

9. 《디자인에 집중하라》
팀 브라운 저, 고성연 역, 김영사, 2019
IDEO의 창업자이면서 디자인 씽킹을 세계적인 경영 도구로 자리 매김한 팀 브라운의 생각과 경험이 잘 녹아 있다.

10. 《린 스타트 업》
에릭 리스 저, 이창수·송우일 역, 인사이트, 2012
창업 경험이 풍부한 저자들이 성공적인 창업을 위한 과학적 프로세스를 잘 설명해준다.

11. 《경쟁 우위 전략》
브루스 그린왈드·주드 칸 저, 홍유숙 역, 처음북스, 2016
마이클 포터의 경쟁전략을 더욱 명료하고 구체화한 책. 산업 시스템과 경쟁우위를 이해하기 쉽게 설명한다. 특히 차별화만으로는 수익을 내기 어렵고 진입장벽을 세울 수 있어야 한다는 주장이 통찰력 있다.